続メイクがなんとなく変なので

友達の美容部員にコツを全部聞いてみた

コスメカウンターが怖いマンガ家
吉川景都
現役美容部員
BAパンダ

ダイヤモンド社

はじめに

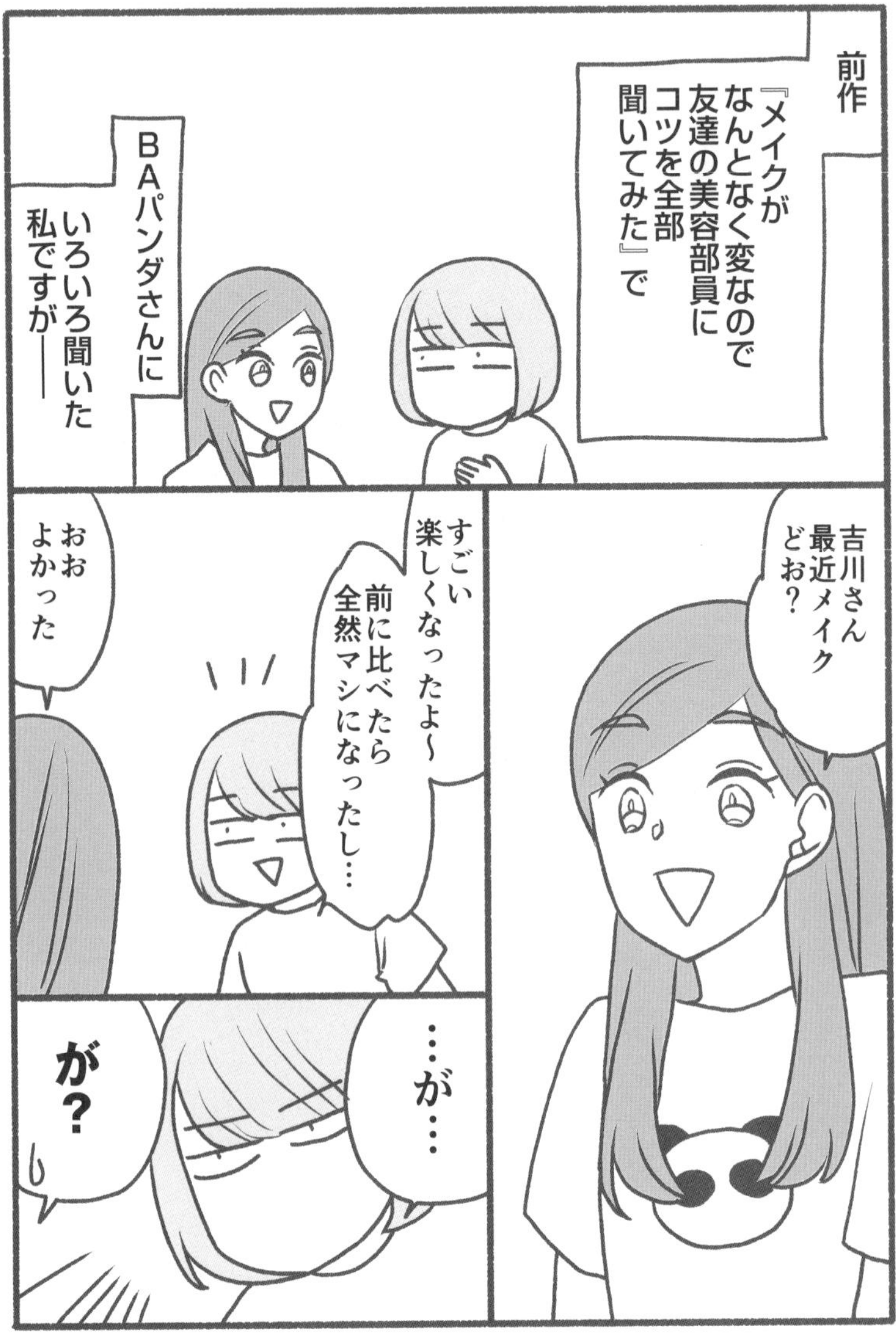

前作『メイクがなんとなく変なので友達の美容部員にコツを全部聞いてみた』で
BAパンダさんにいろいろ聞いた私ですが——
吉川さん最近メイクどお？
すごい楽しくなったよ～
前に比べたら全然マシになったし…
おおよかった
…が…
が？

実は
いまだに
アレコレと
迷子ではある!!
ああ〜…
そうなのだ
コツや
ポイントを
教わって
上達した部分が
あり——
その分
メイクへの
興味は深まった
ものの
これで
バッチリだぜ
というほどには
自信もないので
相変わらず
ムム
このアイテム
めっちゃバズってる
すぐ買おう
最近の
流行メイクって
やった方が
いいのかな?
アレとか
コレとか
できるような
できないような
迷いまくりの
流されまくり

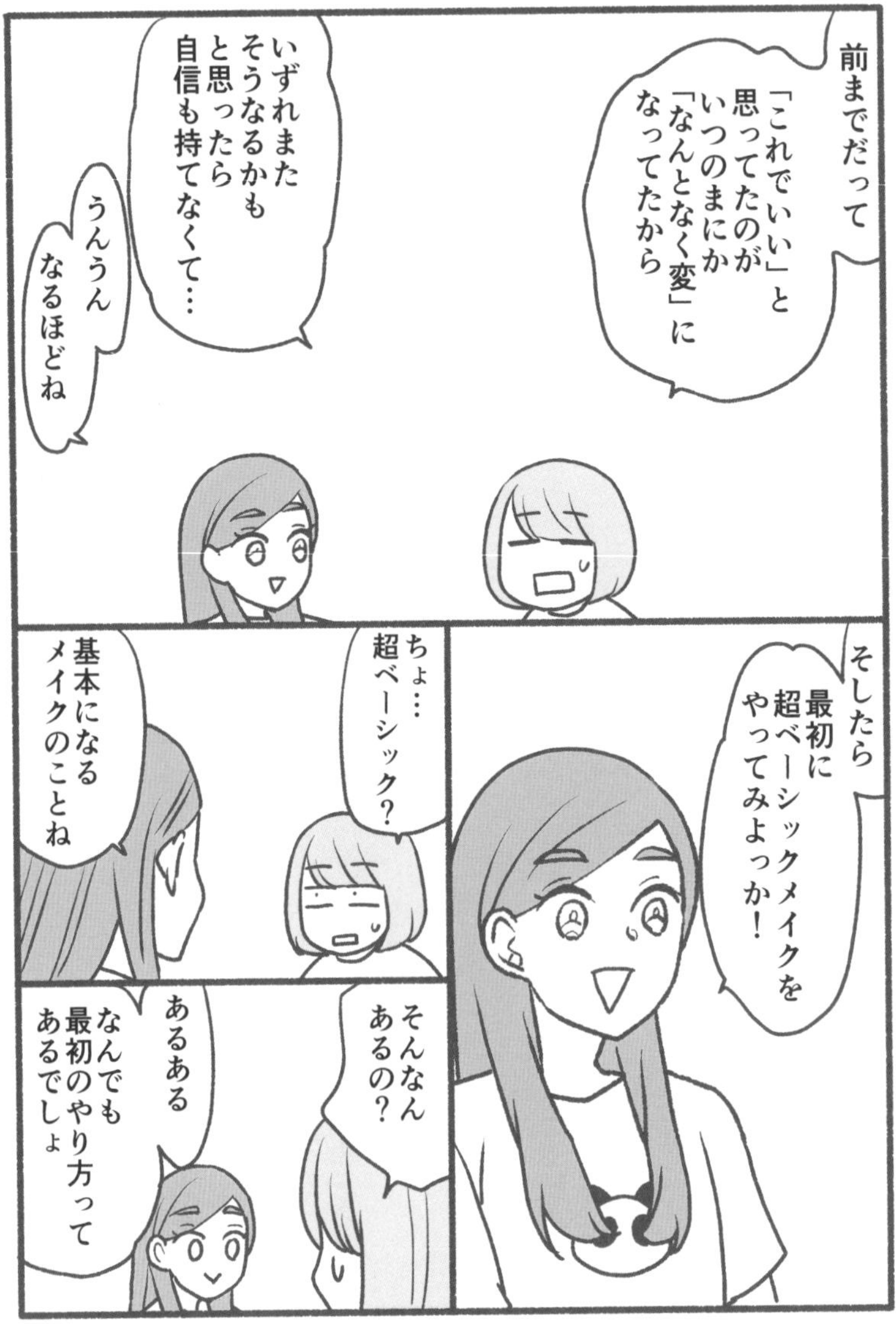
前までだって「これでいい」と思ってたのがいつのまにか「なんとなく変」になってたから
いずれまたそうなるかもと思ったら自信も持てなくて…
うんうんなるほどね
そしたら最初に超ベーシックメイクをやってみよっか！
ちょ…超ベーシック？
基本になるメイクのことね
そんなんあるの？
あるあるなんでも最初のやり方ってあるでしょ

超ベーシックメイクは
トレンドや
年齢に左右されない
シンプルな仕上がり
基本の形と
考え方を
覚えておくことで
プラスやマイナスも
無理なく
できるようになるよ
前の本では
吉川さんの悩み解決が
自然にベーシックなメイクに
つながってたの
今回は
そのへん復習してから
新たな悩みにも
答えていこっかな
おさらいしてから
次のステップ
ってことか
そうそう

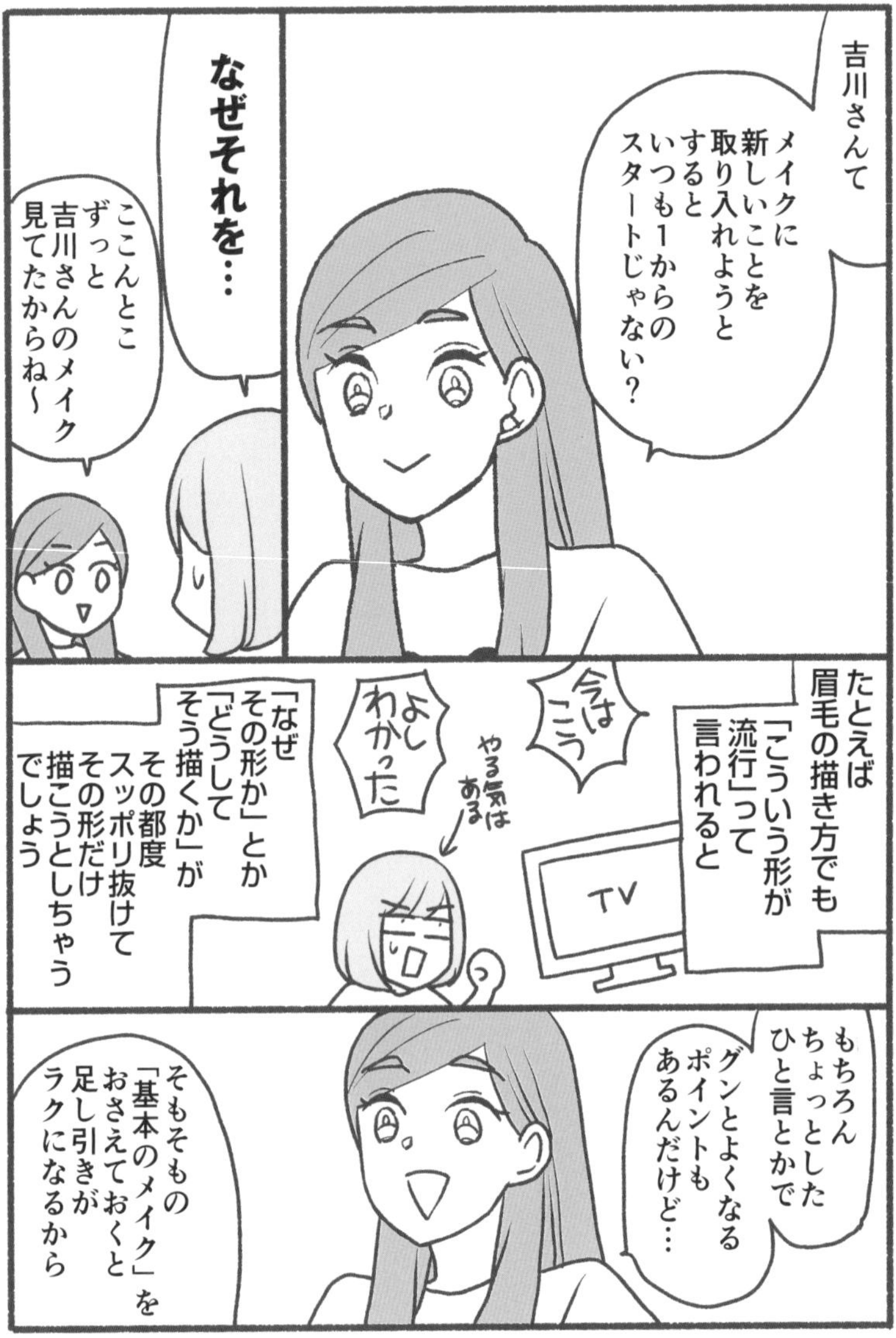
吉川さんて メイクに新しいことを取り入れようとするといつも1からのスタートじゃない？
なぜそれを…
ここんとこずっと吉川さんのメイク見てたからね～
たとえば眉毛の描き方でも「こういう形が流行」って言われると
今はこう
よしわかった
やる気はある
TV
「なぜその形か」とか「どうしてそう描くか」が
その都度スッポリ抜けてその形だけ描こうとしちゃうでしょう
もちろんちょっとしたひと言とかでグンとよくなるポイントもあるんだけど…
そもそもの「基本のメイク」をおさえておくと足し引きがラクになるから

そんなわけで
2冊目は
「超ベーシック
メイク」を
おさらいする
ところから
聞いてきました

Contents

はじめに 2

Chapter 0
超ベーシックメイク

「基本のメイク」をいっきにおさらい 18

Chapter 1
まだ、眉がなんとなく変

左右の眉をそろえるコツ 28

眉頭を制する者はメイクを制す。左右をそろえると美人顔になれる 34

眉頭は「足りないかな?」「淡いかな?」くらいでいい 36

眉の濃い人があか抜けるコツ 38

眉が濃い人は「とかす」だけでも見違える 42

Chapter 2 まだ、アイメイクがなんとなく変

アイシャドウの縦割りグラデ「塗り方」のコツ 48

アイシャドウはもっと上まで塗っていい。二重幅を超えていけ！ 52

アイシャドウの「形」を意識するとふんわり顔にもキリッと顔にもなれる 54

アイシャドウの縦割りグラデ「色合わせ」のコツ 56

縦割りグラデの色合わせは片方を「肌色の延長」にすると失敗しない 60

アイシャドウのテスターを試す時は手の甲を「床に対して垂直」にする 62

アイライナー「どこまで引くか」のコツ 64

アイライナーを「アイシャドウの一部」として使うとおしゃれ 68

一重のアイメイクのコツ 70

一重の人のアイメイクは「下まぶた」で本気を出す 74

Chapter 3

まだ、ベースメイクがなんとなく変

日焼け止めの選び方・使い方のコツ 80
日焼け止め効果のあるアイテムは「重ねる」と最強 84
コントロールカラーって何？ 使い方のコツ 86
コントロールカラーの選び方は「迷ったら、ラベンダー」 92
クッションファンデをきれいにつけるコツ 94
クッションファンデはスライドせずスタンプみたいに「ぽん！」と押す 98
シミをカバーするメイクのコツ 100
シミを隠すコンシーラーは手の甲で「コネコネ」してから塗る 104
「なんとなく年齢を感じる……」対策のコツ 106
「ツヤ」は年齢に対抗する武器。あらゆる悩みを隠してくれる 110

厚塗りに見せないために「お粉」を最小限にしましょう 112

Chapter 4
まだ、チーク・ハイライト・リップがなんとなく変

チークブラシ、腕の動かし方のコツ 118
チークは「手首固定！」でとにかくつけすぎを防ぐ 122
はじめてのシェーディングのコツ 124
シェーディングは失敗をごまかしづらい「難しい魔法」です 128
シェーディングは「欲張らない」 130
はじめてのリップライナーのコツ 132
「唇がぼんやり」「唇が厚い」「唇が薄い」は全部リップライナーで解決する 136

Chapter 5

まだ、スキンケアがなんとなく不安

クレンジングを「丁寧にする」コツ① 142

「クレンジング後肌がつっぱるのは、ちゃんと落とせた証！」これは、残念ながら誤解です 146

クレンジングを「丁寧にする」コツ② 148

「なんとなくメイクを落とす」をやめて4つの工程に分解してみる 152

シートパック、正しい使い方のコツ 154

シートパックは日々の「予習」「復習」。一夜漬けでは効果が少ない 158

朝洗顔のコツ 160

美容部員は日によって使う洗顔料を替えている 164

乾燥肌をどうにかしたい時のコツ 166

きれいな肌になりたければ、一に保湿、二に保湿、三、四も保湿、五も保湿 170
「乾燥の原因は何か？」5つの手がかりから探せ 172

Chapter 6
こんな時どうする？

推しに会う日のメイクのコツ 178
三次元の推し活メイクは「相手目線」二次元の推し活メイクは「自分目線」 182
学校に行く日のメイクのコツ 184
保護者メイクは「ばっちり3割、ゆるっと7割」 188
はじめての男性美容のコツ 190
「顔のうぶ毛」と「眉毛」を処理するといっきに清潔感が出る 198
メイクが上達するためのコツ 200
メイクは場数。センスや才能が足りなくても上達します 204

おわりに 208
紹介したコスメ一覧 214
BAパンダからのメッセージ 218

この本の使い方

この本は、次のような構成になっています。前作を読んでいなくても、読んでいても、楽しめる内容になっています。

■【マンガ】マンガを読むだけでも、コツが全部わかります。

■【解説】マンガのあとに、BAパンダさんからの解説を文章で載せています。主にテクニック以前の「概念」（このメイク・スキンケアは何のためにするのか）や、マンガでは説明し切れなかった補足が書いてあります。ここを読むことで、テクニックの背景にある理由、どう応用するかを考えることができると思います。

■【商品紹介】それぞれのページの目的に合ったアイテムを紹介。おすすめの理由もコメントしました。前作でも紹介したアイテムは、愛用マークをつけました。

Chapter

0

超ベーシックメイク

「基本のメイク」をいっきにおさらい

ターラーラ
ラララララ
なんか音楽が…
では最初に超ベーシックなメイクをおさらいします
タララッタ
ラーラー
自前でBGM持って出てきた！
そもそもどういう状態がベーシックなの？
まずね
・色ムラがなくて血色感のある明るい肌
・きれいに生えてる眉
・印象的な目元
・色味と形の美しい口元
――をイメージしてみて
おおナチュラルに美しいってかんじ
イメージしている
そう！
そこを目指します

まず
色ムラのない
美しい肌!!
ファンデや
BBクリームを
均一に多めに
のせれば…
そういう塗り方
しない方がいいね!
自分の肌状態を
まずしっかり
観察して…
色ムラをなくす
アイテムを
少量ずつ
丁寧にのせる
たとえば…
目の下の
くすみ
シミ
均一に見えるよう
意識しよう!
ファンデを
のせる
シミを
ポイントで
消す
下地を
うすく均一に
のばす

次に「きれいに生えてる眉」ね
おっ それは自信あるぞ
このように美しい形をとって…
それだと しっかり描きすぎかな!
眉の基本は「きれいな形を描く」ではなく「きれいに生えてるように見せる」
自分の毛流れにあわせて
自然に描き足す
前作でやった平行眉もこれの応用だよ
小鼻と目尻を結んだラインの延長が
眉尻の終点

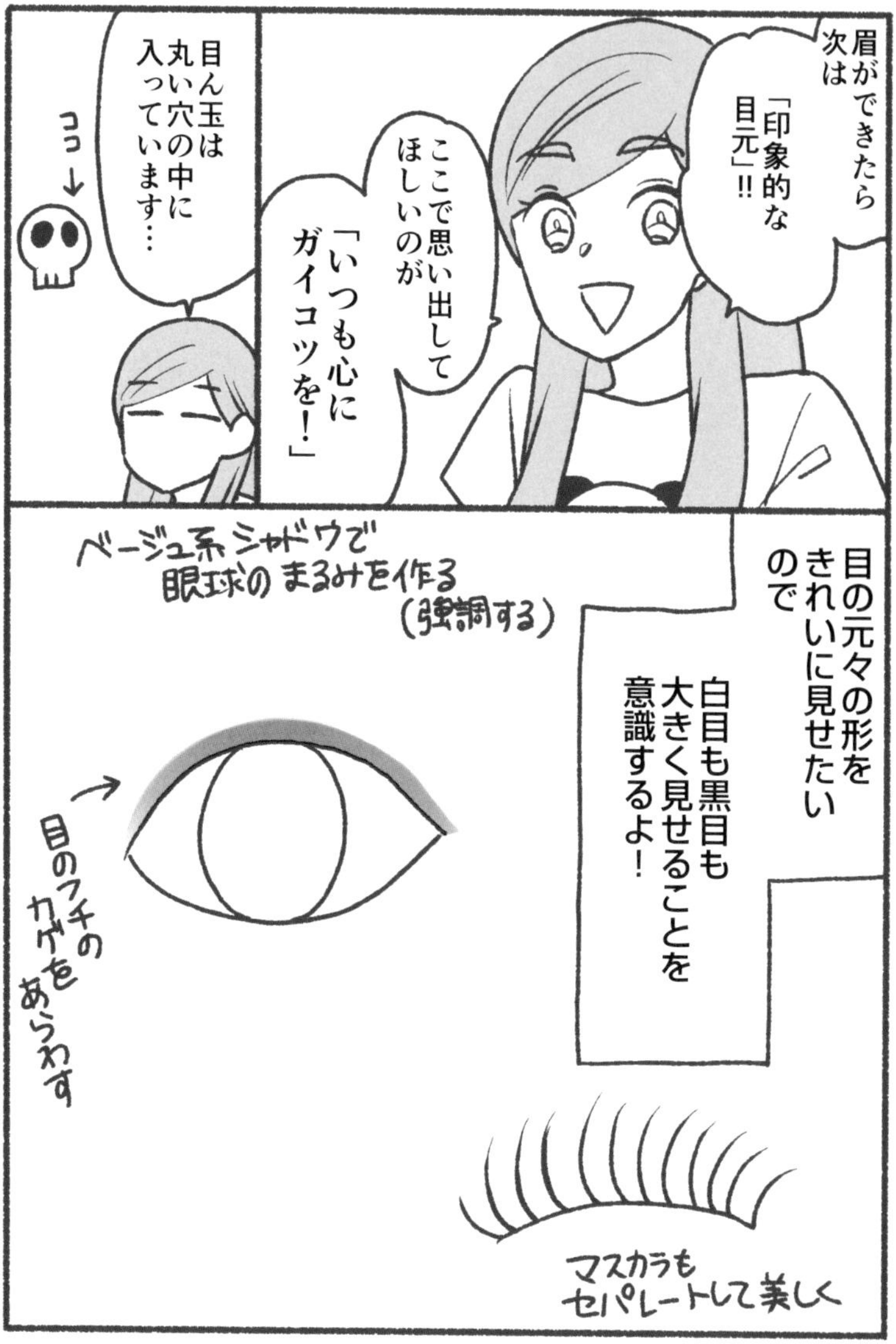
眉ができたら次は「印象的な目元」!!
ここで思い出してほしいのが「いつも心にガイコツを！」
目ん玉は丸い穴の中に入っています…
ココ
目の元々の形をきれいに見せたいので
白目も黒目も大きく見せることを意識するよ！
ベージュ系シャドウで眼球のまるみを作る（強調する）
目のフチのカゲをあらわす
マスカラもセパレートして美しく

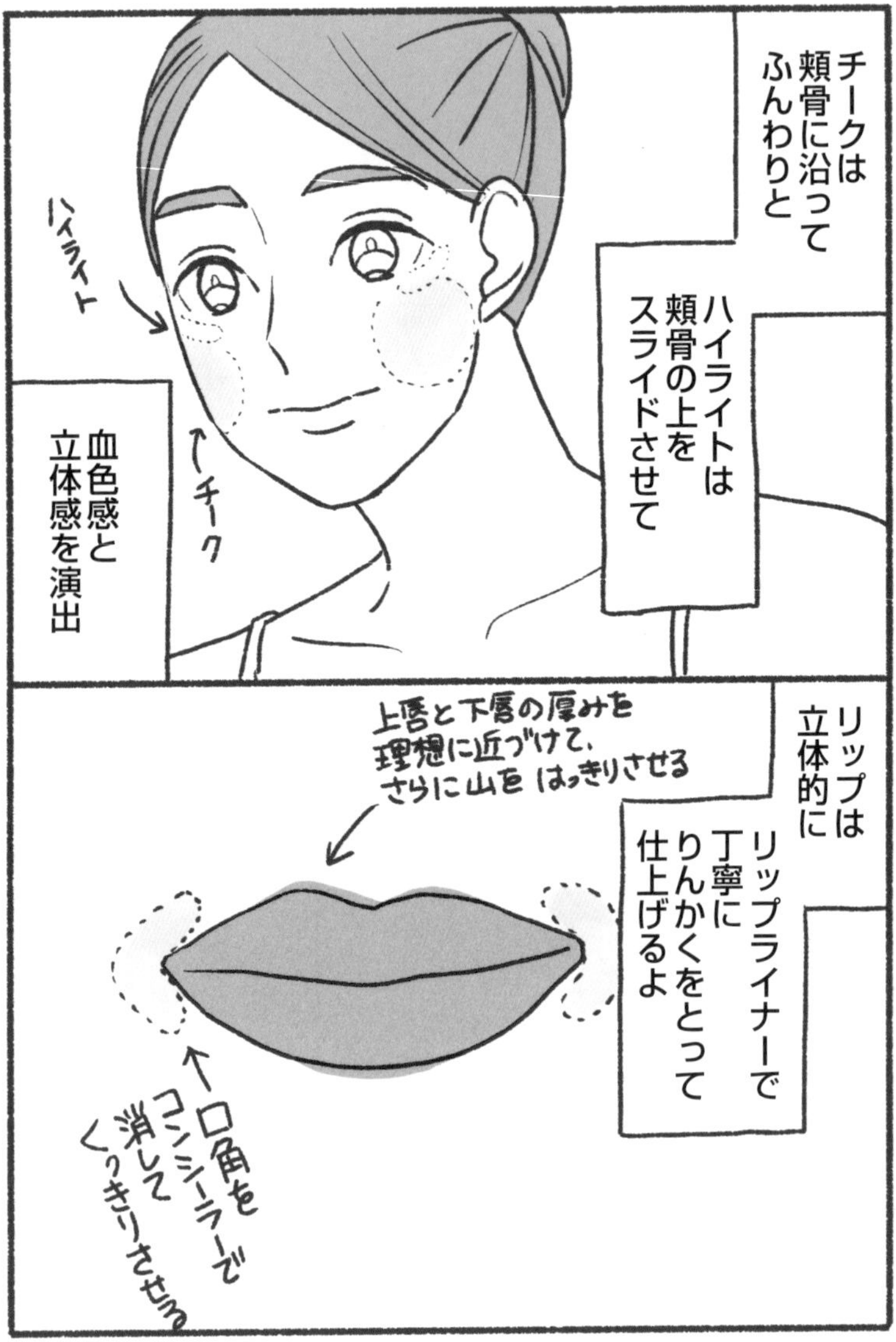
チークは頬骨に沿ってふんわりと
ハイライトは頬骨の上をスライドさせて
ハイライト
チーク
血色感と立体感を演出
リップは立体的に
リップライナーで丁寧にりんかくをとって仕上げるよ
上唇と下唇の厚みを理想に近づけて、さらに山をはっきりさせる
口角をコンシーラーで消してくっきりさせる

――とここまでをきちんと仕上げて完成！
ベーシックメイクは単に「基本的なやり方」ってだけじゃなくて
「最も丁寧に作り込んだメイク」をやってみるってことでもあるの
…これすっごい時間かかるね?!
やってみたけど
そうなのよ
このメイクを頭の片隅に入れておいて…
プラスアルファや引き算を学んでいこう！
頑張る！

SUQQU
ピュア カラー ブラッシュ
01 蕾咲
程よい発色で、自然な血色感が出ます。「ピンク強めのコーラル」「オレンジ強めのコーラル」両方の色を作れて便利。

コスメデコルテ
トーンパーフェクティング
パレット
複数の色が入っているコンシーラーはひとつ持っておくと便利です。コンシーラーを「場所により塗り分ける」と肌の完成度が上がります。

too cool for school
アートクラスバイロダン
シェーディングマスター
色を混ぜて調整できるので、使いやすいです。つけすぎにならない質感で、淡い色は、特につけすぎ注意のノーズシャドウにも使えます。

コスメデコルテ
フェイスパウダー 00
レフ板のように光を反射する効果あり。パフでそっとおさえる程度で肌本来のツヤが出ます。パールが入っていないので、シワも目立ちません。

YVES SAINT LAURENT
ルージュ ヴォリュプテ シャイン
15-コライユスポンティニー
王道のコーラルカラー(ピンクとオレンジの間の色)のリップ。どんなシーンにもマッチするコスパがいい1本です。

DIOR
サンク クルール クチュール
649 ヌード ドレス
ベーシックなメイクにぴったりのアイシャドウです。どのカラーも「締め色」「中間色」「ハイライト」が入っているのでいわゆる「捨て色」がありません。

RMK　イレジスティブル
スケッチリップライナー 02 モーヴ
柔らかくて塗りやすいリップライナーです。リップライナーは、「枠を取る」ものではなく、唇の形を整えるもの。肌なじみのいいベージュ系の色は汎用性が高いです。

愛用 MAC
エクストラ ディメンション
スキンフィニッシュ
ダブル グリーム
前作でも紹介したパンダの愛用品です。肌に溶け込む色で、濡れたような質感になります。

Chapter

1

まだ、眉がなんとなく変

左右の眉をそろえるコツ

さあココへ‼
眉頭学校
キーンコーンコーン
眉頭学校?!
先生は私です
パンダさん?!
いえ、先生です
眉頭は「なんとな～く」で描くと失敗の元‼
眉頭こそが眉印象の親分です!
おっ親分…
そう
眉尻は子分
人間の顔って元々左右対称じゃないからね
眉尻って実は完全に同じ形じゃなくても大丈夫なの

えっ
そうなの?! 眉尻が両方同じ形になるようにめっちゃ頑張ってた
同じ形に…
それはもちろんそろってる方がキレイだけどね
しかしこちらをごらんください
ざっ
これはどれも眉尻の形はそろってて…
でもスタート地点がずれています
形がちがう
はじまりの幅がちがう
はじまりの高さがちがう
ホントだ結構気になる
なので「眉尻をしっかり描いたから一応眉頭も」ってなんとなく描いちゃうと想像以上に目立つんだよね…
そんなに重要なパーツだったとは…

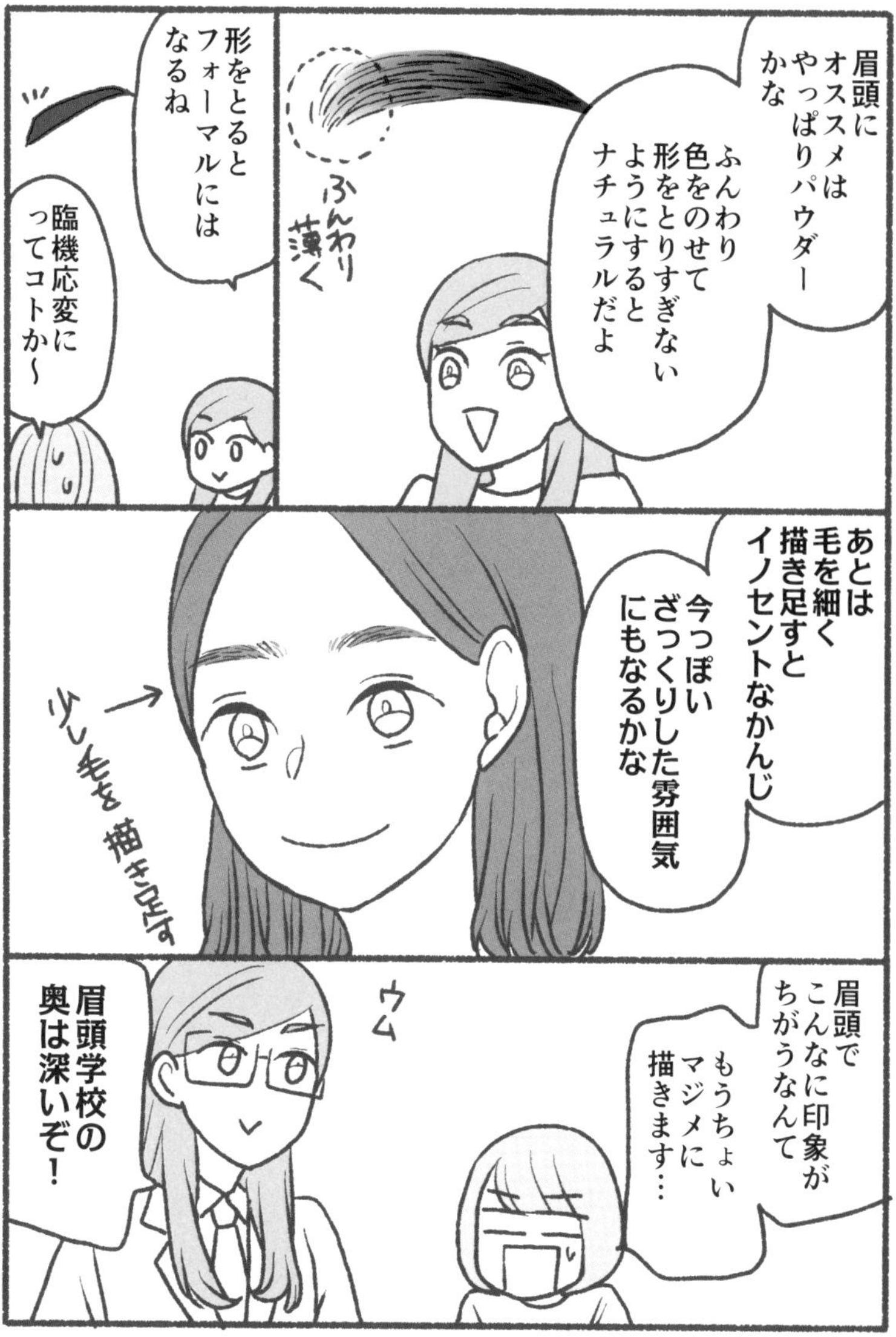
眉頭にオススメはやっぱりパウダーかな
ふんわり色をのせて形をとりすぎないようにするとナチュラルだよ
ふんわり薄く
形をとるとフォーマルにはなるね
臨機応変にってコトか〜
あとは毛を細く描き足すとイノセントなかんじ
今っぽいざっくりした雰囲気にもなるかな
少し毛を描き足す
眉頭でこんなに印象がちがうなんて
もうちょいマジメに描きます…
ウム
眉頭学校の奥は深いぞ！

眉頭の話
オマケ
今こういうの使ってて…
パンダさんが私のメイク道具を見ていた時
ん?!
吉川さんのパウダーアイブロウなんでこの色全然減ってないの?!
濃い色
中間色
なんかベージュっぽいやつ
えっ…
その色何に使うのかわかんなくて…
上2つはなんとなくわかる
そ…そうか…
これこそ眉頭に使うのよ…

基本の眉をグラデーションで作る時に
中間の色を眉頭にのせると色がつきすぎるので
この明るい色でぼかすと自然な仕上がりに
1
2
3
4
てか今までどうしてたの?
えっだから濃いままか指でガサガサやってた
ガサガサ
この明るい色を使いこなせると結構あか抜けるよ
美容部員はこの色を一番使うって人多いんじゃないかな
自然な美眉
へ〜〜!!
ノーズシャドウにも使えるし
ほったらかしはもったいない!
積極的に使ってみてね
やってみます…

眉頭を制する者はメイクを制す。

左右をそろえると美人顔になれる

自然なメイクのゴールは「生まれつきこういう顔でしたよ？」と見せかけることです。では、美しい左右対称の顔に「見せかける」ためのキモはどこなのか。最も大事な場所が「眉頭《まゆがしら》」です。

そもそも**眉毛は顔全体の印象を左右する重要な要素。**なかでも眉頭がそろっていないと、左右のバランスがチグハグになってしまいます。一方、**眉尻《まゆじり》が多少非対称になっていても、あまり目立ちません。**

なお、眉頭とは、眉毛の始まりの「毛が縦向きに生えている部分」。

具体的には、次の3つのポイントに注意します。

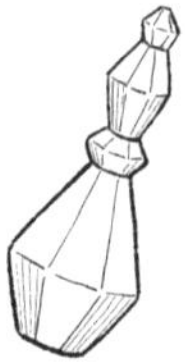

・**眉頭の幅**：太さは一致しているか
・**眉頭の高さ**：上下の位置がずれていないか
・**眉頭の形**：四角と丸など形がちぐはぐになっていないか

もし毎日「眉毛を描くのが苦手だなあ」と思っているなら、頑張って完璧な形を目指すよりも、「とりあえず眉頭だけはそろえる」と覚えておきましょう。時短しながら目的を達成することができますし、少し気がラクになりますよね。

ちなみに、眉頭の「形」は、顔全体の雰囲気にも影響します。形が四角ならばキリッと、丸ければ柔らかい印象に……。「そろえる」ができて余裕が出てきたら、形を日によって変えてみると、メイクの幅が広がります。

眉頭は「足りないかな？」「淡いかな？」くらいでいい

基本のおさらいになりますが、眉毛を描く目的は「眉毛をきれいに描く」ではなく「眉毛がきれいに生えているように見せる」ことです。**「きれいに生えている」とは、眉頭が薄く、眉山、眉尻にかけて濃くなっていくグラデーション**の状態です。

アイブロウブラシというツールを使うと、このグラデーションを簡単に作ることができます。アイブロウブラシの先は斜めにカットされていて、「線を引く」「ぼかす」が両方できるようになっています。アイブロウパウダーに付属しているものではなく、専用のものを試してみてください。

一番気をつけるべきなのは、**「眉頭」に色をつけすぎない**ことです。眉頭は一番淡い色をのせ、「足りないかな?」くらいでやめておく。そして、眉尻まで描いたあとに描き足すやり方が、失敗が少ないです。アイブロウパウダーをブラシにとる時は、必ず容器のフチや手の甲で、余分な粉を払うようにしましょう。

眉頭をブラシで描く方法は2種類覚えておくと便利です。失敗しにくいのは「下から上へ撫でる」方法。ブラシは床と平行な横向きにして、力を入れないようにします。

完成度が高く見えるのは「一本ずつ描き足す」方法です。ブラシを縦にして使い、細く入れます。多く描きすぎないよう、バランスを見ながら描き足します。

&be　ダブルエンドアイブロウブラシ熊野筆

仕上がりが違う2種類のブラシがついていて、眉頭=ふんわり、眉尻=シュッと、で使い分けられます。ブラシの厚み、粉含みもちょうどいいです。

愛用 KATE

デザイニングアイブロウ3D

超定番。時期によりますが、「ピンク系」など限定色が出ることもあるので、使い分けると楽しみが広がります。

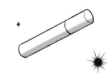

眉の濃い人があか抜けるコツ

さて
ここまで様々な眉毛のコツを聞いてきた私ですが…
キリッ
実は
元の眉がすごい変な感じに生えている
元々は濃いので眉頭はフサフサ
20年くらい抜き続けてたらもう眉尻がない
余計な毛は生えてくる
どうなってんだよ
あるあるだね～
ていうか元からきれいに生えてる人ほぼいないから眉メイクが存在するよ
あるあるなのか
よかった
吉川さんの場合は
眉尻は薄い(ない)のでしっかりめに描いて
描くところ
中間は毛が密なので眉マスカラのみ
眉頭はパウダーでちょい足しかな

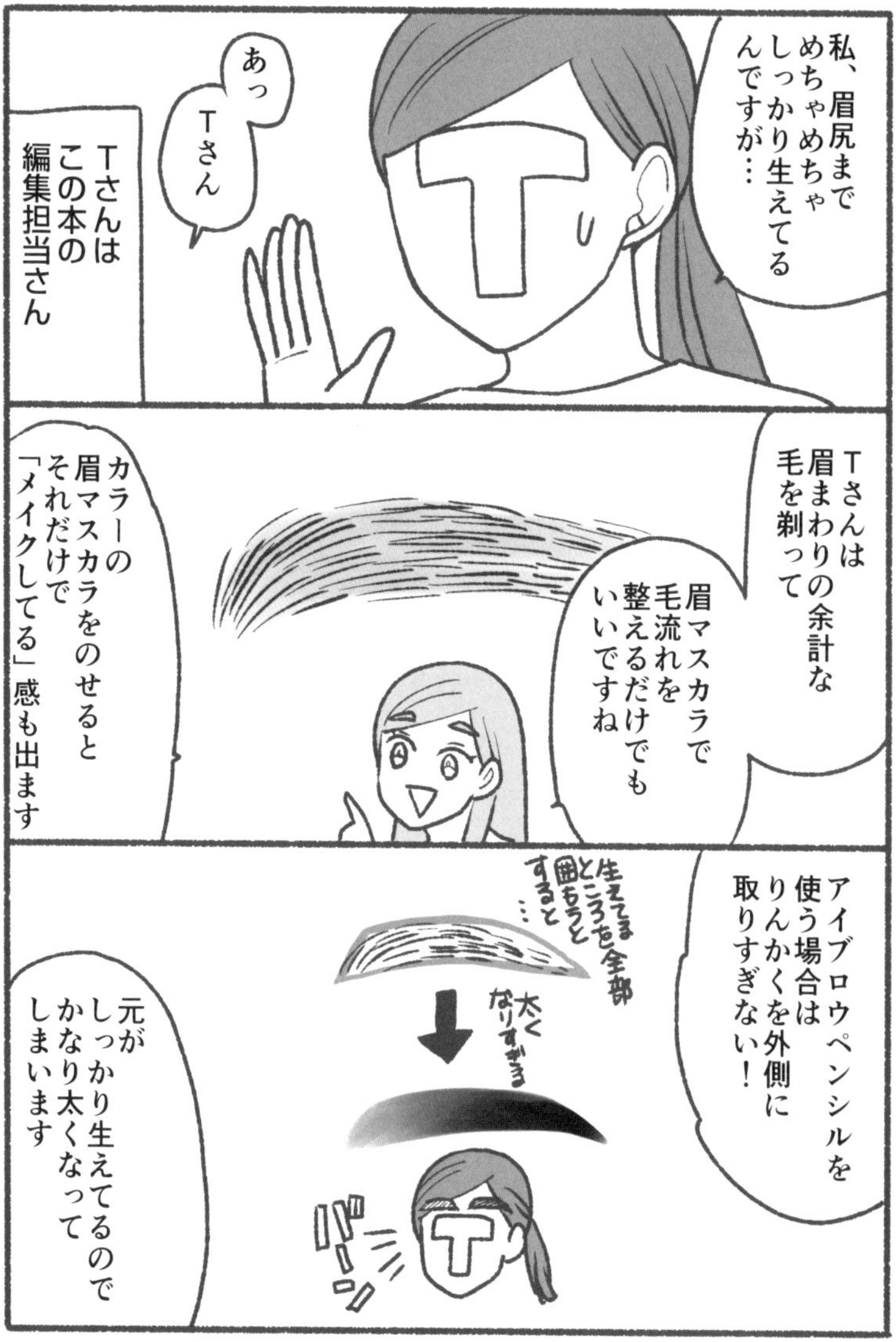
私、眉尻までめちゃめちゃしっかり生えてるんですが…
あっ Tさん
Tさんはこの本の編集担当さん
Tさんは眉まわりの余計な毛を剃って
眉マスカラで毛流れを整えるだけでもいいですね
カラーの眉マスカラをのせるとそれだけで「メイクしてる」感も出ます
アイブロウペンシルを使う場合はりんかくを外側に取りすぎない！
生えてるところを全部囲もうとすると…
太くなりすぎる
元がしっかり生えてるのでかなり太くなってしまいます

太眉さんは形を取ろうとしすぎずに眉の中にガイドラインを引いてパウダーでグラデーションを作るときれいですよ
ガイドライン
外側に向かってふんわりグラデに
ペンもパウダーも眉マスカラも全部使って仕上げないといけないと思ってました…
自眉の状態によりますよ使うアイテムも臨機応変！
やってみた
き…
きれいに生えてるように見える‼
そうなんですよ最終的にはそこにたどりつけばいいので…

どんな風に
自眉が
生えてても
それを活かして
「キレイに生えてる
ように見せる」
っていう原則は
変わらないよ！
なるほど…
ついつい
きっちり描きたく
なっちゃうもんな〜
だから
逆に
薄眉の人とかは
「どうとでもなる」
んだよね
自眉
自由に足せる
つよめ
やさしめ
毛量のある人は
ブラシで癖をつけて
整えるだけで
変化が出たり
少ない人は
自由度が
高かったり…
自眉の生え方をよく
見て
いろいろ描いて
楽しんでみてね
ハ〜イ

眉が濃い人は「とかす」だけでも見違える

濃い眉毛の場合は、濃いところと薄いところの差が出やすいです。つまり、「毛の密度」をそろえることで、自然な仕上がりになります。無理に「描く」「輪郭をとる」のをやめてみてください。「毛の流れを整える」だけでもアイブロウメイクとしては十分です。

この時に役立つアイテムが、**スクリューブラシ**です。スクリューブラシはメイクのあらゆる場面で使えて、コスパがいいツールです。美容部員にとってもなくてはならないものです。

一番使えるのが、眉毛を「とかす」時。さらにペンシルやパウダーを「ぼかす」時にも役立ちます。力を加えて一定方向にグッと引けば、「消す」ことも可能です。

スクリューブラシはアイブロウペンシルに付属していることも多いですが、便利な

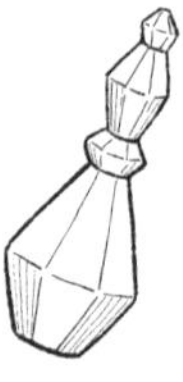

のは**毛の密度が濃く、チクチクしないもの**です。毛の密度が薄いと、眉毛をとかす時にキャッチできない毛が出てきてしまいます。また、毛の材質がチクチクして硬すぎると、下のベースメイクを根こそぎ取ってしまうのです。

さらに、とかした眉毛を維持したいなら、アイブロウマスカラ、アイブロウジェルを使います。これらはとかした毛の「カラーリング剤」「スタイリング剤」の役割です。アイブロウジェルは透明なので、色を変えずにスタイリングをしたい時に使います。どちらも眉頭は下から上へ、眉頭から眉山へは斜めにして、眉山から眉尻は横へ倒すと美しい形になります。

RMK　スクリューブラシ
毛の密度が高いので眉毛、まつ毛をキャッチできます。毛が硬すぎず、眉をとかしても下のファンデーションや下地を削り取らない。人工毛で洗いやすい。パンダはブラシ部分を曲げて使っています。

RMK　クリア アイブロウ ジェル
固まりすぎず、毛がとかした形にきれいに留まってくれます。マスカラと違って色がつかず、毛の一本一本が太くならないのもおすすめポイント。

挑戦メイクこそ「なんでもない日」に試す

ＢＡパンダ

パンダは「ここぞ」という日に、新品のアイテムでメイクをすることはありません。慣れない色などを使う場合、近所のコンビニに行く時や、実家に行く時に試してみます。

ある日のパンダさん

いつも変な部屋着なので
また変なガラシャツ…と思うと
突然ブランド服だったりする
パンダさん

Chapter

2

まだ、アイメイクがなんとなく変

アイシャドウの縦割りグラデ「塗り方」のコツ

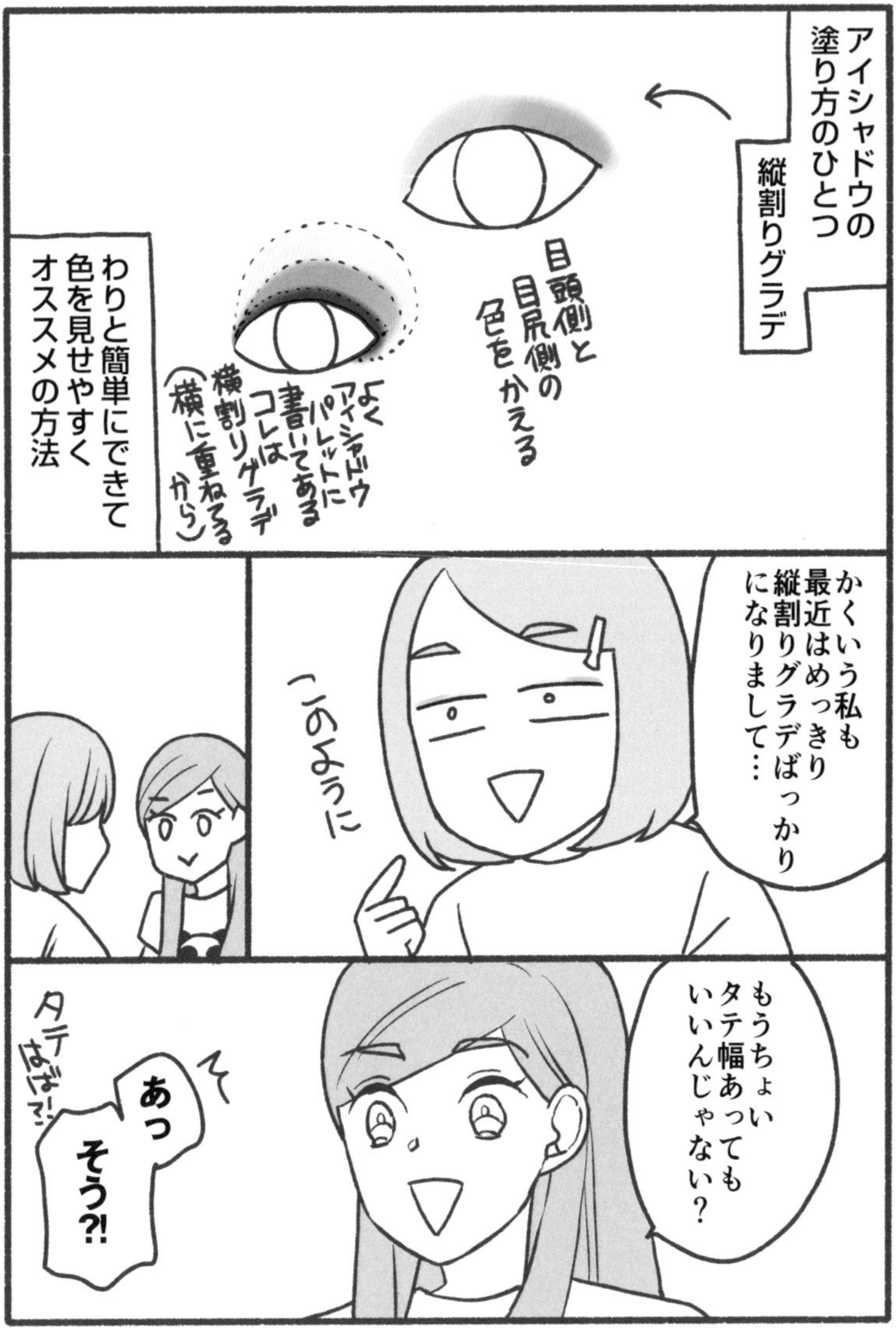
アイシャドウの塗り方のひとつ
縦割りグラデ
目頭側と目尻側の色をかえる
よくアイシャドウパレットに書いてあるコレは横割りグラデ
（横に重ねてるから）
わりと簡単にできて色を見せやすくオススメの方法
かくいう私も最近はめっきり縦割りグラデばっかりになりまして…
このように
もうちょいタテ幅あってもいいんじゃない？
あっ
そう?!
タテはば

二重幅で
縦割りグラデを
作るのはもちろん
かわいいんだけど…
眼球の形
もともと
アイシャドウは
眼球の形に沿って
入れるものだから
二重の幅に
とらわれすぎずに
もっと眼球の形に
あわせる方を
意識すると
色の
楽しみ方が
広がるよ！
なるほど!!
やってみる!!
やってみた
おお
確かに
色が目立って
かわいい〜
…けどコレ
スソの処理を
どうしたらいいか
わからん
端のところ
スソ？
目尻の形は
なりたいイメージで
決めるよ！

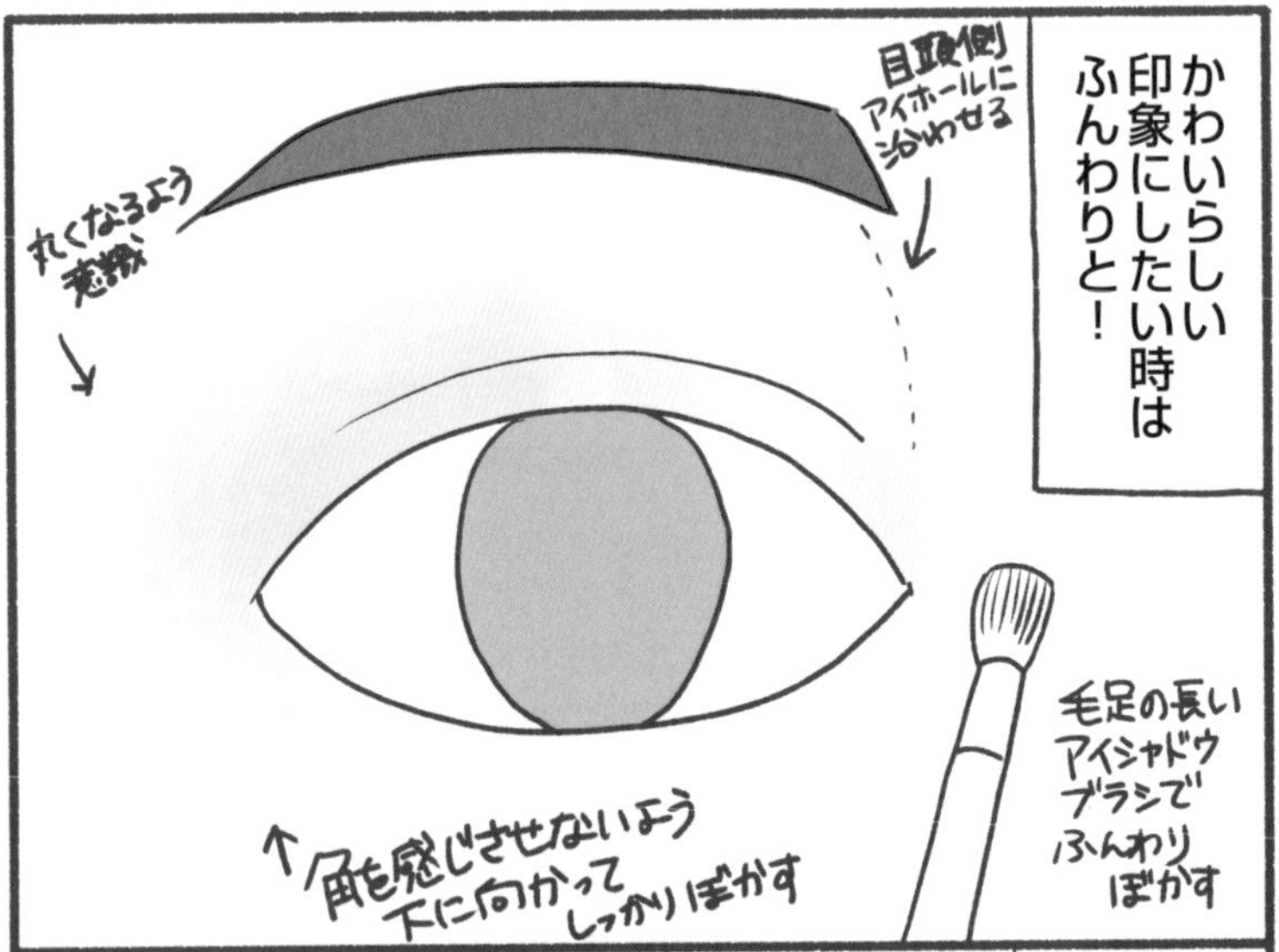
かわいらしい
印象にしたい時は
ふんわりと!
目頭側
アイホールに
沿わせる
丸くなるよう
意識
角を感じさせないよう
下に向かって
しっかりぼかす
毛足の長い
アイシャドウ
ブラシで
ふんわり
ぼかす

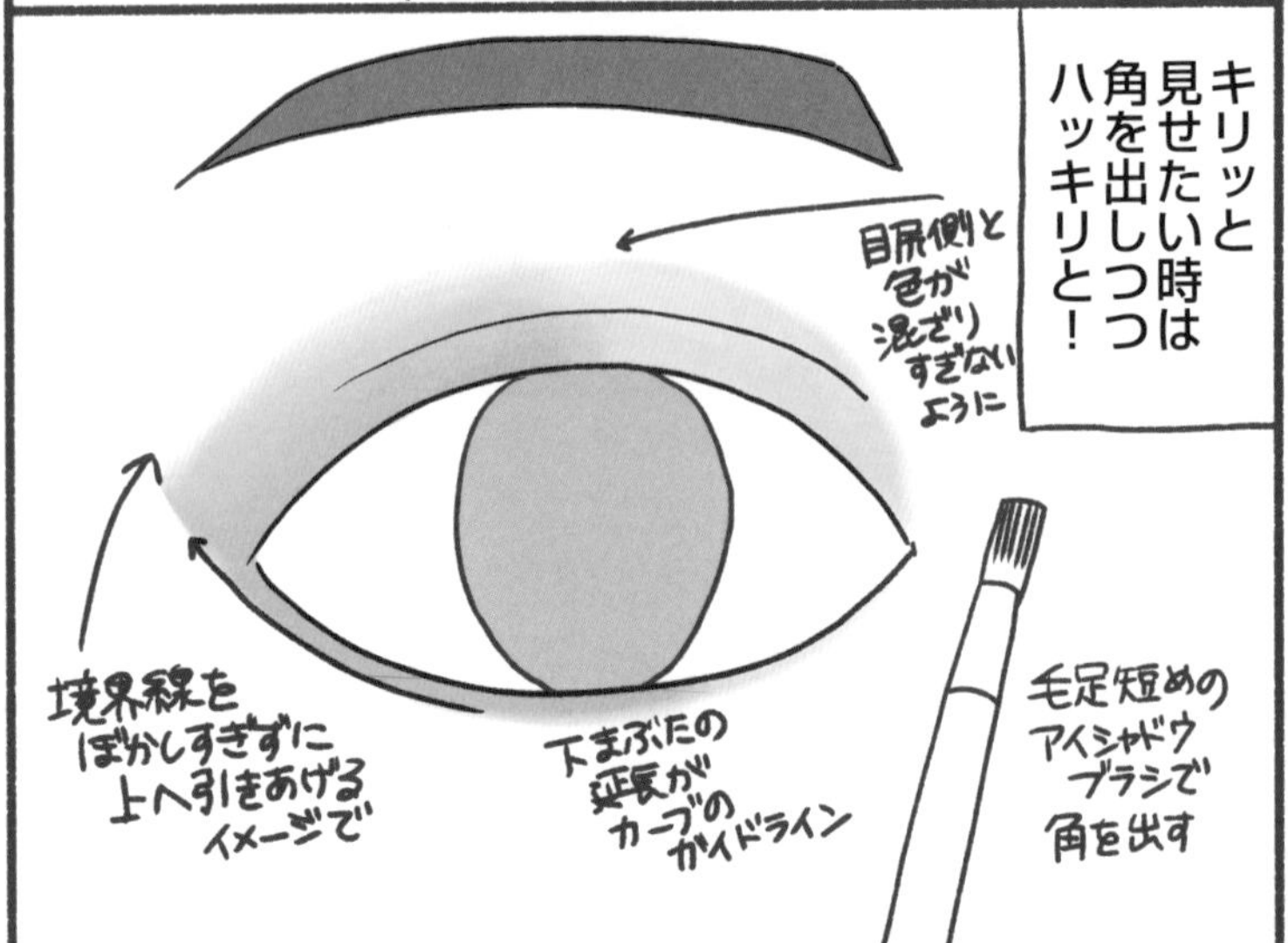
キリッと
見せたい時は
角を出しつつ
ハッキリと!
目尻側と
色が
混ざり
すぎない
ように
境界線を
ぼかしすぎずに
上へ引きあげる
イメージで
下まぶたの
延長が
カーブの
ガイドライン
毛足短めの
アイシャドウ
ブラシで
角を出す

ぜ…
全然印象ちがうね?!
そうなのよ
「キレイにぼかすだけ」を一歩踏み込むと
なりたいイメージにも近づけるのがアイメイクなの
ただアイシャドウをつけるのではなく
なりたい自分に近づけるためにもアイメイクを考えてみてほしい…
それがパンダの願いです
願っている!!
ちなみに
アイシャドウをぼかすためだけのブラシがあるの?!
ブレンディングブラシという
あるよ〜
これあるとすごいキレイに境目とか混ぜられるよ
買いました

アイシャドウはもっと上まで塗っていい。二重幅を超えていけ！

前作の『メイクがなんとなく変なので友達の美容部員にコツを全部聞いてみた』でアイシャドウの縦割りグラデを紹介したところ、多くの方が実践してくれました。SＮＳに写真を載せてくださる方も多く、本でお伝えした内容が広がっていることに感動しています！

一方、セミナー参加者の方や吉川さんとやり取りするなかで、**「縦割りグラデで、二重幅の上までアイシャドウを乗せるのは、なんとなく怖いんです」**という声をたくさんいただきました。

「なんとなく怖い」理由をさらに深掘りしてヒアリングすると「色の範囲が広がって、派手になる気がする」「やりすぎにならないか心配」とのこと。長年習慣になっていたアイメイク（二重幅に、色を横に重ねていくやり方）を無視して、新たな領域に飛び出

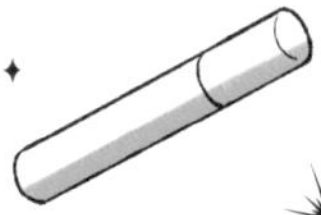

すのは、躊躇《ちゅうちょ》される方も多いと思います。

それでも「もっと色を楽しみたい」「華やかに見せたい」「アイメイクのバリエーションがほしい」と思ったら、ぜひアイホール全体に色を乗せるやり方にチャレンジしてほしいです。

ここで思い出していただきたいのが、前作で登場した標語**「いつも心にガイコツを！」**です。改めてのおさらいになりますが、自分の顔の骨、ガイコツの中に眼球が埋め込まれているのを想像してみてください。この部分が「アイホール」です。

アイシャドウをこのアイホールの範囲内に塗る限り、あなたのアイメイクが大失敗することはありません。理由は、そもそもアイシャドウは「光と影」を使って、眼球部分の立体感を強調するものだからです。

ぜひ安心して、二重幅を超えていってください。

アイシャドウの「形」を意識すると ふんわり顔にもキリッと顔にもなれる

大原則として、アイメイクはアイシャドウを塗る**「色」「配分」「形」**で印象が変わります。縦割りグラデを楽しむ時も、「どんなイメージに仕上げたいか」を考え、それを実現するために「色」「配分」「形」を決めていくと効率的です。

「どんな色のアイシャドウをどんな配分で塗るか」はアイシャドウを買う時点である程度考えていると思いますが、意外と忘れられがちなのが「形」です。もしかしたら、これまで意識してこなかった人も多いかもしれません。でも、**アイシャドウをどんな形に塗るかは、どんな色を使うかと同じくらい重要**です。

形を作る上で最も重要なツールが「アイシャドウブラシ」です。ふんわりかわいく見せたい時と、キリッと見せたい時では使うブラシも替えるのが理想です。

・ふんわり：毛足の長い「全体をぼかす」ためのブラシ
・キリッと：毛足が短く密度が濃い「色を置く」ためのブラシ
主にこの2本を持っていれば、どんなイメージにも対応できます。

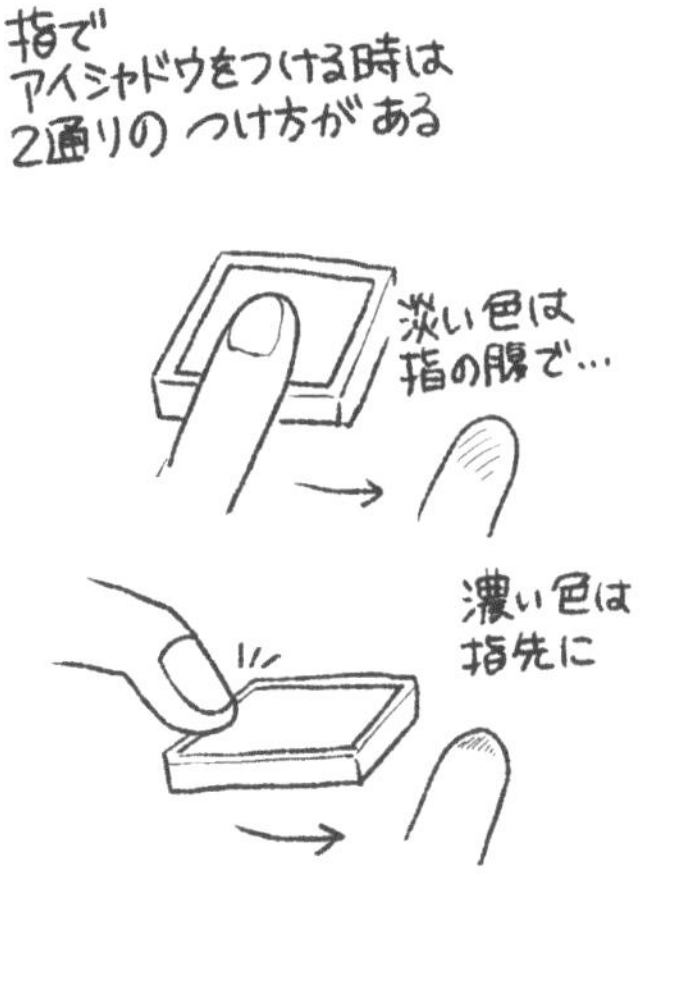
指で
アイシャドウをつける時は
2通りの つけ方がある
淡い色は
指の腹で…
濃い色は
指先に

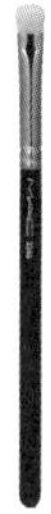

愛用 MAC #239S
アイ シェーディング ブラシ
キリッとさせたい場所に使うブラシ。目の際などに使います。

愛用 MAC #217S
ブレンディング ブラシ
アイシャドウの境界線を「ぼかす」ためのブラシ。縦割りグラデの完成度が上がります。

アイシャドウの縦割りグラデ「色合わせ」のコツ

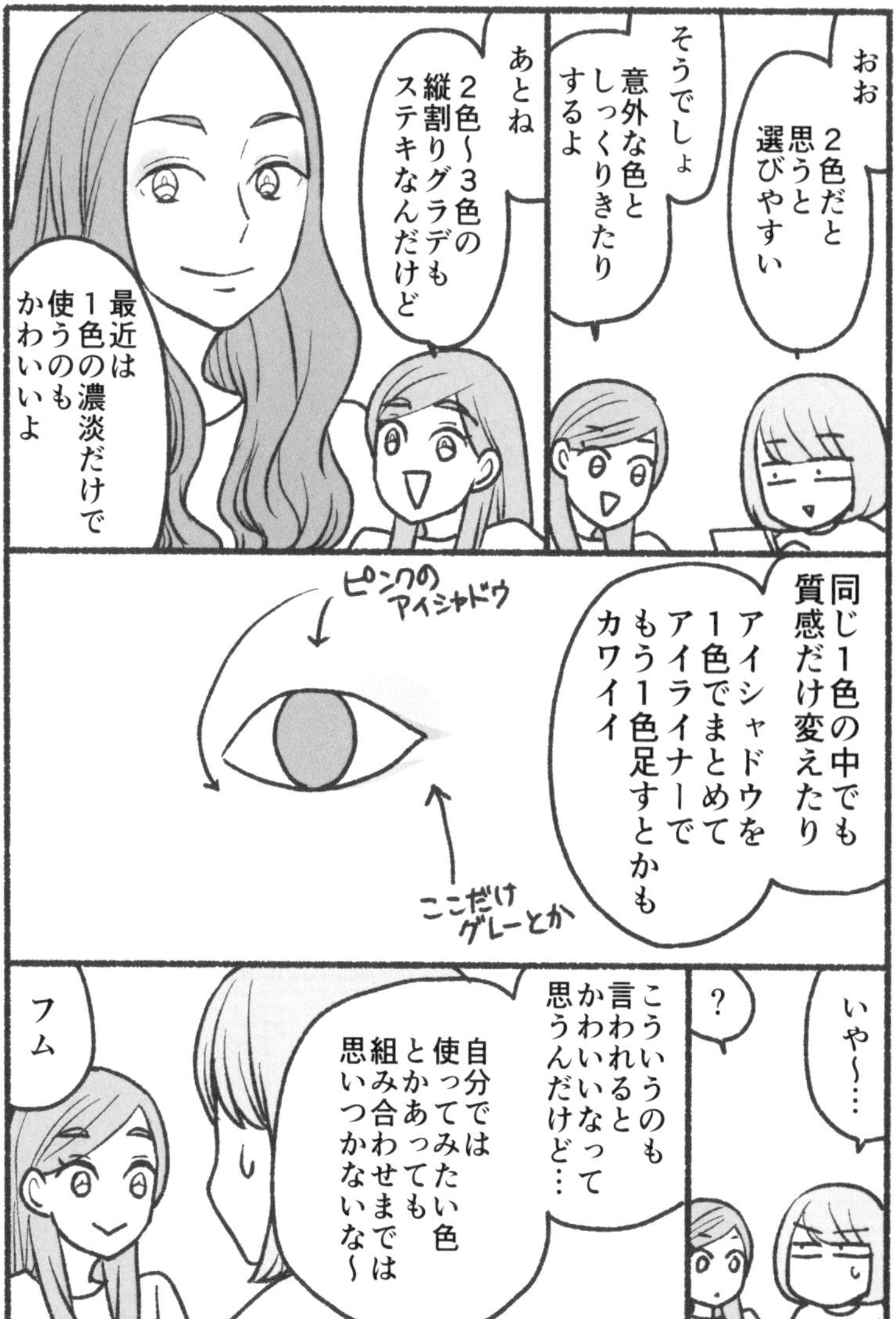
おお
2色だと思うと選びやすい
そうでしょ
意外な色としっくりきたりするよ
あとね
2色〜3色の縦割りグラデもステキなんだけど
最近は1色の濃淡だけで使うのもかわいいよ
同じ1色の中でも質感だけ変えたり
アイシャドウを1色でまとめてアイライナーでもう1色足すとかもカワイイ
ピンクのアイシャドウ
ここだけグレーとか
いや〜…
?
こういうのも言われるとかわいいなって思うんだけど…
自分では使ってみたい色とかあっても組み合わせまでは思いつかないな〜
フム

その「使ってみたい色」をさ「どういう風に使いたいか」考えるといいよ
ど。。。
どういうとは…？
えーっとね
たとえばアイホール全体に入れてふんわり見せたい時は肌なじみのいいカラーを選んだ方が自然だよね
ふわ〜
逆にポイントに入れて目立たせたい！って時はビビッドなカラーを少し入れるだけでオシャレでしょう
目尻にほんのちょっと

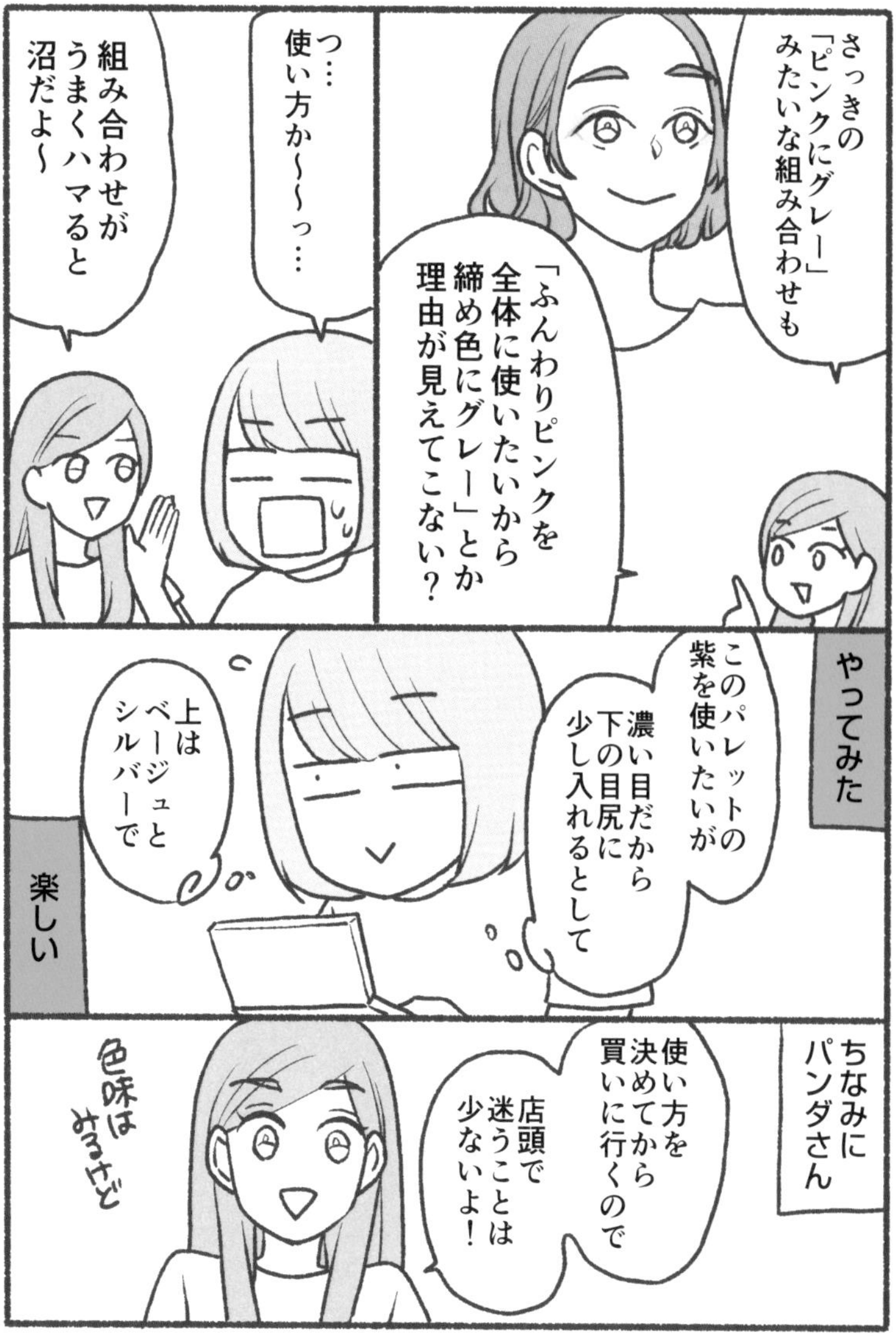
さっきの「ピンクにグレー」みたいな組み合わせも
「ふんわりピンクを全体に使いたいから締め色にグレー」とか理由が見えてこない？
つ…使い方か〜〜っ…
組み合わせがうまくハマると沼だよ〜
やってみた
この紫を使いたいが
このパレットの紫を使いたいが
濃い目だから下の目尻に少し入れるとして
上はベージュとシルバーで
楽しい
ちなみにパンダさん
使い方を決めてから買いに行くので
店頭で迷うことは少ないよ！
色味はみるけど

縦割りグラデの色合わせは
片方を「肌色の延長」にすると失敗しない

縦割りグラデをする時の「色」についても、よく質問をいただきます。パンダは「色の組み合わせはなんでもかわいいですよ！」「好きな色を使うのが一番！」とお伝えしていますが、それでもやってみた方からは「色合わせ迷子になってしまう」「結局、毎回同じ組み合わせに落ち着く」というお悩みも聞きます。その対策として、具体的な方法を紹介します。

まずは、色合わせ迷子になっている場合。「この色を使いたいけど派手かな……」「合わせづらいかな……」と心配な時は、**目頭側を自分の肌と近い色にする**といっきに組み合わせがしやすくなります。

肌と近い色とは、たとえば

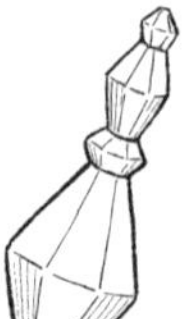

・ベージュ
・ゴールド：派手に見えて、実はあらゆる色になじむ
・ピンクベージュ：ピンク以外でも、何かの色に自分の肌色を混ぜた色は無難

などです。

さらに、こうした自分の肌と近い色の「配分」を多くするのも、無難に見せたい場合のひとつのテクニックです。

SUQQU
シグニチャー カラー アイズ
発色がよく、なじみやすい。テクニックに自信がなくても肌に溶け込むような仕上がりにできます。グラデーションを作る時にもうまく色が混ざりやすいです。

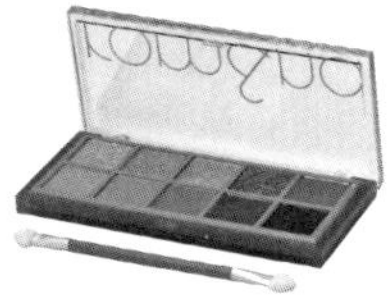

rom&nd　ベターザンパレット
「迷ったらこれ」のアイシャドウパレット。色味がどれも淡くて、難しい組み合わせが少ないです。パンダはセミナーでも使用していました。

DIOR　サンク クルール クチュール 649 ヌード ドレス
24ページの「超ベーシックメイク」にも掲載。色合わせで使いやすい「肌色の延長色」が詰まったアイシャドウです。

アイシャドウのテスターを試す時は手の甲を「床に対して垂直」にする

最近吉川さんと一緒にコスメを買いに行くことが増えて、アイシャドウを選ぶ時に美容部員ならではの「仕草」があることに気づきました。それは、「アイシャドウのテスターを、片っ端から手の甲につける」こと。美容部員はこの仕草をすることで、アイシャドウを実際にまぶたに塗ってみた時の「発色のよさ」と「色の明るさ」を見ています。**「そもそもこの色はどう発色するか」は「どの色を選ぶか」以前の問題として、とても大事**なことなのです。

「ケースに入った色と実際に塗った色が違った……」という失敗をしないために、店頭で確認するのは次のポイントです。ぜひ美容部員にもお声がけください。

・コツ1：手の甲は、床に対して垂直に

パンダさん、私はどうしたらいいですかね？
Tさんこれ何してるところですか?!
何ってテスターを顔の横に持ってきて色味が合うか確かめてるんですよ
斬新すぎる…
まさかこれまでずっとそれで色味を…

色を見る時、手の甲は上に向けず、床に対して垂直にします。手の甲を上に向けていると、光は真上から当たりますよね。これだと、普段のまぶたの状態（横から光が当たっている）とは、色の見え方が違ってしまうのです。

・コツ2：テスターは何度も塗り重ねる

手の甲に1回、2回、3回……と重ねて、塗った回数によりどう色が変化するかを確認します。

・コツ3：手を光の下で動かす

手の甲を光の下で「動かす」ことで、実際のツヤ、キラキラの感じ、まぶたに塗った時の見え方がリアルにわかります。

アイライナー「どこまで引くか」のコツ

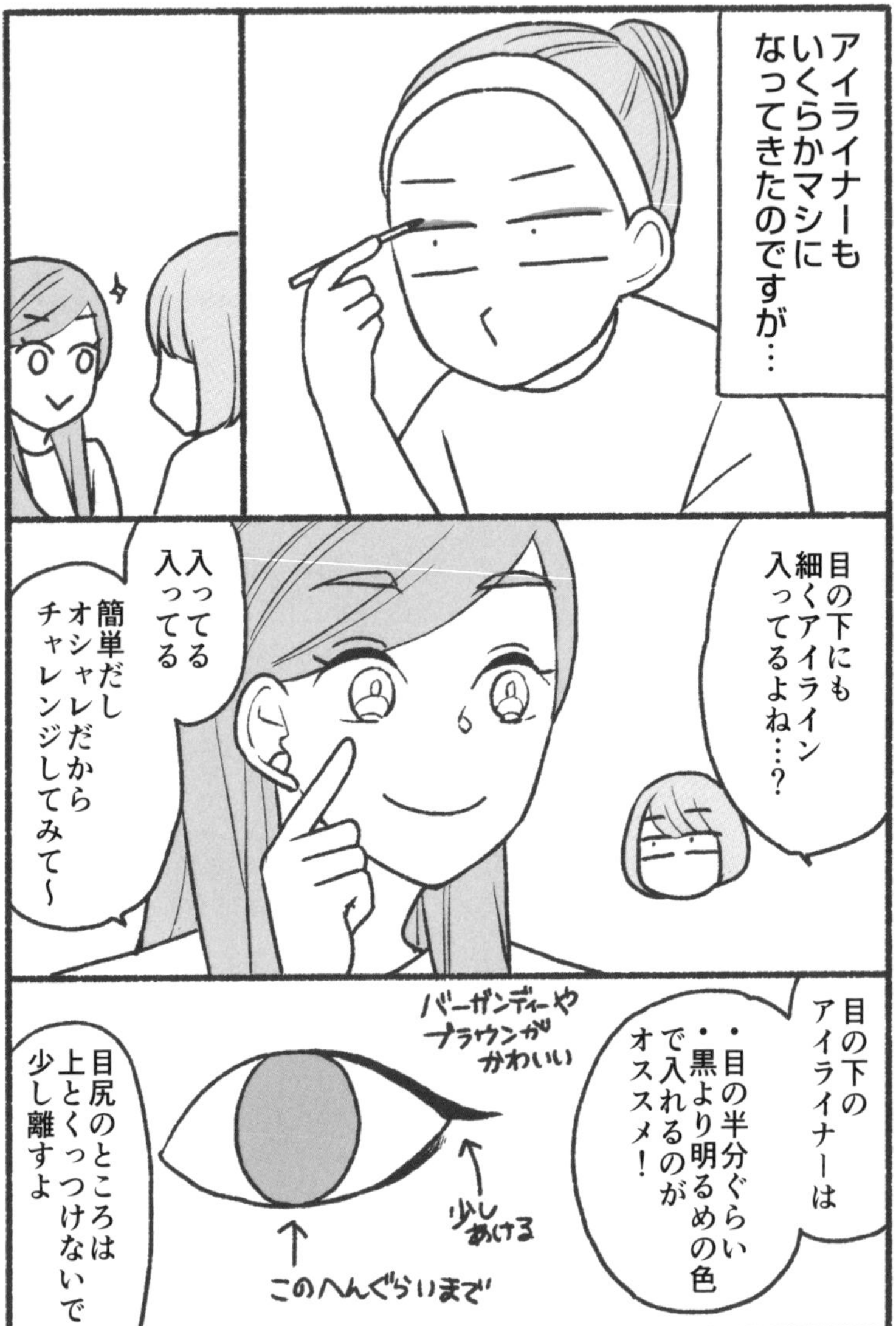
アイライナーもいくらかマシになってきたのですが…
目の下にも細くアイライン入ってるよね…？
入ってる入ってる
簡単だしオシャレだからチャレンジしてみて〜
目の下のアイライナーは
・目の半分ぐらい
・黒より明るめの色で入れるのがオススメ！
バーガンディーやブラウンがかわいい
少しあける
このへんぐらいまで
目尻のところは上とくっつけないで少し離すよ

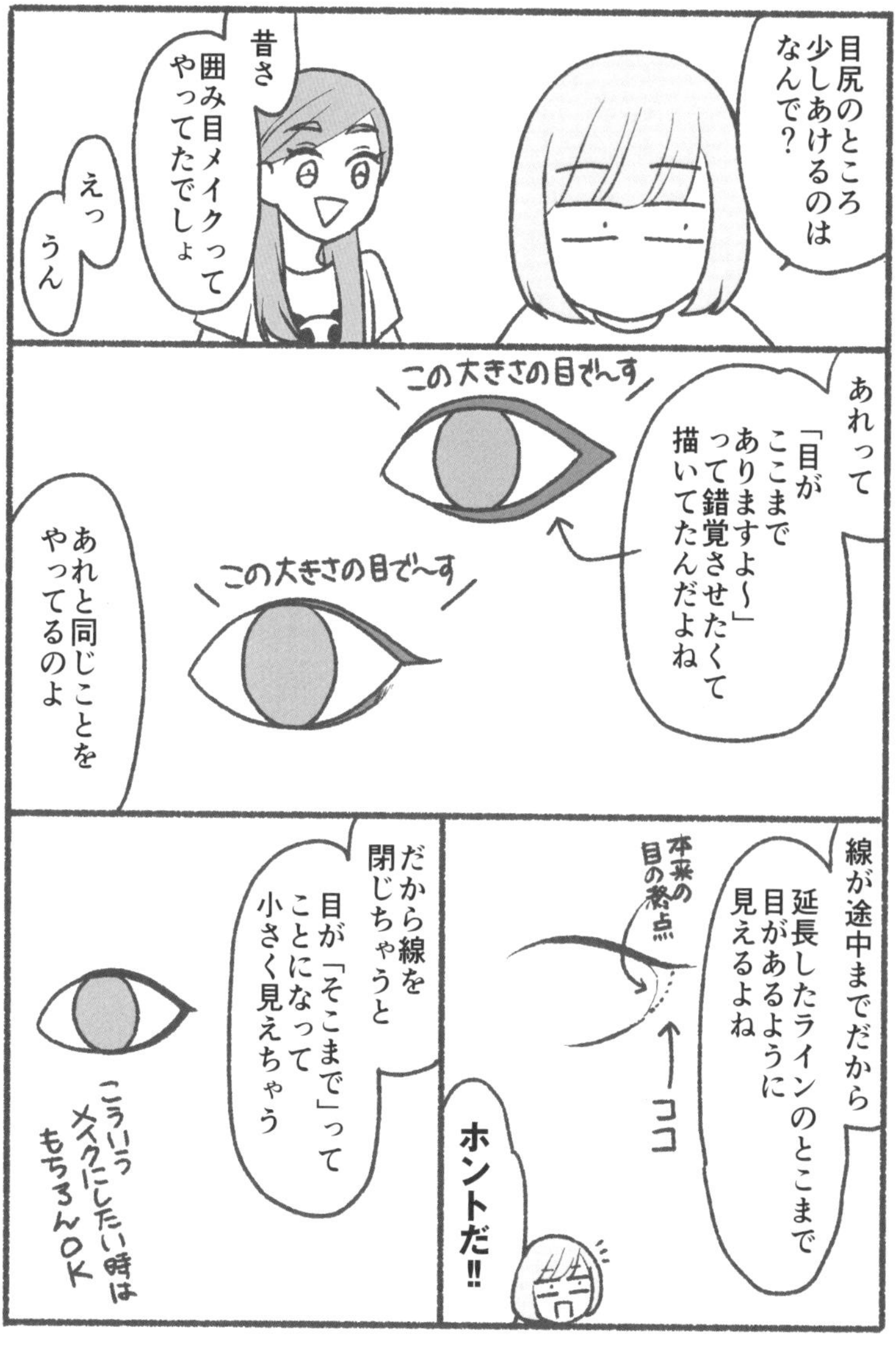
目尻のところ少しあけるのはなんで？
昔さ
囲み目メイクってやってたでしょ
えっ うん
あれって「目がここまでありますよ〜」って錯覚させたくて描いてたんだよね
この大きさの目で〜す
この大きさの目で〜す
あれと同じことをやってるのよ
線が途中までだから延長したラインのところまで目があるように見えるよね
本来の目の終点
ココ
ホントだ!!
だから線を閉じちゃうと目が「そこまで」ってことになって小さく見えちゃう
こういうメイクにしたい時はもちろんOK

下まぶたのラインって
一重の人にも
オススメなんだよね
上まぶたの
アイラインみたいに
巻きこまれて
見えなくなることが
ないし…
目尻から離して
真横に引くと
目が大きく見える
ま…真横に
引くのは結構
勇気いるな…
意外と
違和感ないよ
真っ黒じゃなく
粘膜に近い色の
赤やベージュで
細〜く引いて
線の始まりと
終わりは
丁寧にぼかす
やってみた
ほんとだ
細く入れると
そんなに
目立たないし
ちょっと
目が
大きく見える！

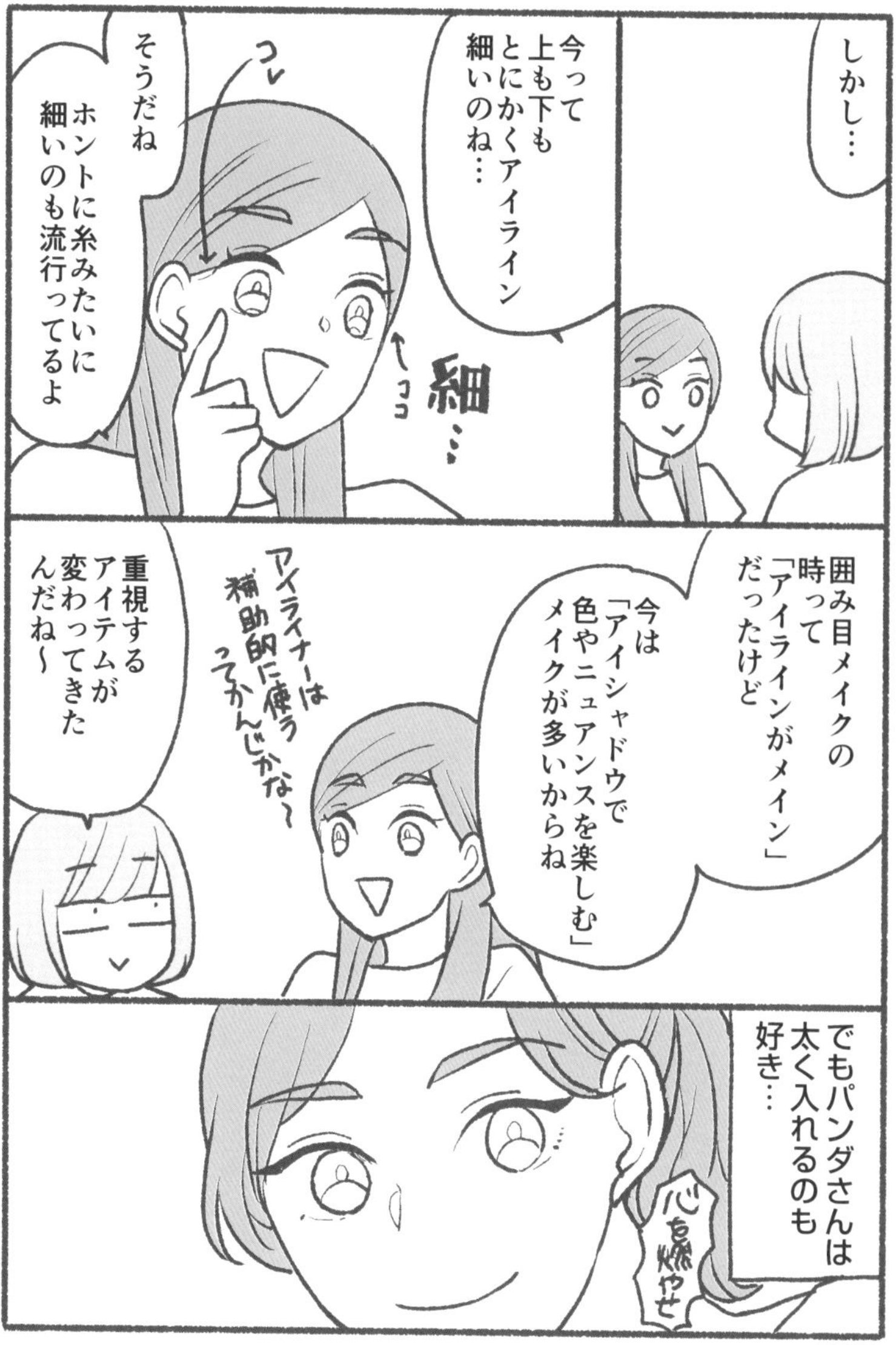
しかし…
今って上も下もとにかくアイライン細いのね…
細…
ココ
コレ
そうだね
ホントに糸みたいに細いのも流行ってるよ
囲み目メイクの時って「アイラインがメイン」だったけど
今は「アイシャドウで色やニュアンスを楽しむ」メイクが多いからね
アイライナーは補助的に使うってかんじかな～
重視するアイテムが変わってきたんだね～
でもパンダさんは太く入れるのも好き…
心を燃やせ

アイライナーを「アイシャドウの一部」として使うとおしゃれ

そもそもですが、アイライナーは「目がここまでありますよ〜」という枠線を決めるアイテムです。

パンダを含むアラフォー世代が10代、20代の頃は、アイライナーは目の周りを黒く塗りつぶしてデカ目に見せるために使われていましたよね。当時、アイラインは太ければ太いほどよく、ほぼ黒一択で、囲めば囲むほどよいものでした。

もちろんデカ目もアイメイクのひとつのゴールではありますが、最近では、「人によって」あるいは「目的によって」アイライナーの使い方も多種多様になってきています。たとえば、「目をどうしたいか」（目的）によって、アイラインの引き方は次のように大きく変わります。

・目の横幅を伸ばしたい→アイラインを長くする

・目の縦幅を広げたい↓アイラインの黒目の上や下を太くする
・目をつり上げて見せたい↓アイラインの目尻をはね上げる
・たれ目に見せたい↓アイラインの目尻を下げる
・自然に目を強調したい↓アイラインを目尻のまぶたのカーブに合わせる

ちなみに、今はカラーのアイライナーも豊富なので「アイライナーはアイシャドウの一部」と考えると使いやすいと思います。**アイシャドウと同系色の、カラーのアイライナーをつけたり、あるいはアイライナーは全く違う色にして、ポイントに使う**のもかわいいです。

CAROME.　ウォータープルーフリキッドアイライナー
にじまず、程よくしなります。細い線も描きやすいです。

D-UP
シルキーリキッドアイライナー
思い切ったはね上げのキャットラインも、カラーアイライナーなら「やりすぎ」にならずこなれ感が出ます。このシリーズはカラーも豊富で、その上描きやすいのでおすすめ。

一重のアイメイクのコツ

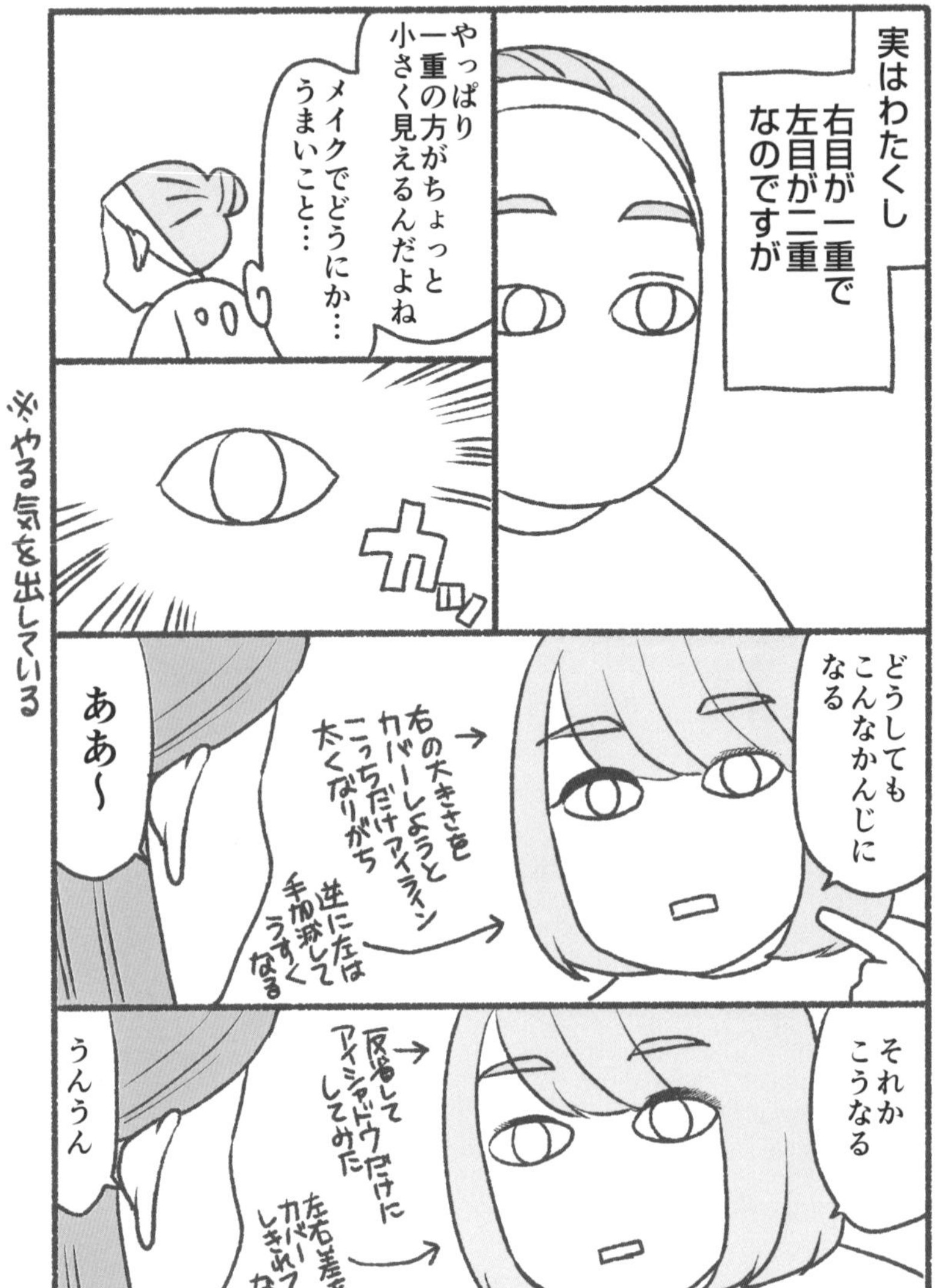

やっぱり片方だけ一重とかって難しいのかな…
しおしお
そうでもないよ！
えっ
最初にも言ったけど人の顔って左右が一緒じゃないから
私も右目と左目のメイクの仕方ちがうよ
え〜〜
パンダさん両方同じ二重なのに？
でもよく見ると二重の幅がちがうんだよ
大きさとかも厳密にはちがうし
で
目の左右差をそろえるにはまず観察!!
あっ
眉頭の先生!!
また出た
いえ私は左右博士です
変な名前

たとえば吉川さんなら「二重の方の目を大きく見せたい」なら「どの方向にどれくらい」をまず考えるんじゃ
二重の方と大きさと形をそろえたい
特に「目を開いた状態でどう見えるか」をしっかり観察しよう
二重の方は目が丸くタテに大きく見えるので
一重の方は黒目の下にアイラインを入れるといいよ
この方向に大きくしたい
アイシャドウも一重二重に左右されない目尻側を重点的に
マスカラも二重の方は少なめに
多
少
ちょっとした工程のつみかさねで左右差がそろってくるよ
てっとり早く一重をでっかく見せよう!と思うと
片側だけ黒くフチ取ったりしちゃうでしょ
なっちゃってた
それだとやっぱり左右差が出ちゃうのよ

目を大きく見せるテクニックっていろいろあるから
自分の左右差にあわせて少しずつ取り入れるといいぞ
日々研究ってことですね博士…
そう!! 左右は1日にしてそろわず!!
左右
やってみた
自然だけど左右差がいくらかマシに見える!!
カンペキにそろえようとしすぎないのも大事なんだな…
オマケ
年とると一重が二重になったりもするぞよ
加齢にうれしい情報!!

一重の人のアイメイクは「下まぶた」で本気を出す

「一重だからアイシャドウが似合わないんです」
「一重のアイメイクはどうしたらいいですか？」

これは店頭やセミナーなどで、お客さまから本当によくいただくご質問、お悩みです。雑誌でも、化粧品会社のCMでも、モデルさんは二重の人のことが多いですよね。統計を取ったわけではないですが、世の中にある「メイクの見本」が、二重の人に偏っている傾向はあるかもしれません。

しかし、プロとして「二重の方が一重よりアイメイクが映える」とは全く思いません。二重と一重、どちらにも「映える」やり方が存在します。**「一重でも大丈夫」ではなく「一重だからこそ魅力が最大化するアイメイク」**をぜひ知ってほしいのです。

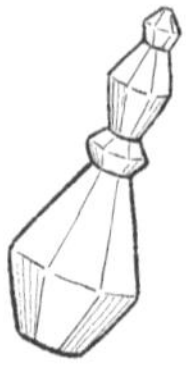

鏡
下まぶたに
アイシャドウを
つける時
アゴを引いて
鏡を持ちあげると
つけやすいよ！

一重のおすすめアイメイクで最も簡単にできるのが**「下まぶたにもアイシャドウ」**です。下まぶたは目の形に関係なく、しかも入れた色がそのまま見えて、どんな色でも映えてくれる「神エリア」です。

上まぶたには肌なじみのいい色でシャンパンゴールドやシルバー、ベージュ、パールピンクなどを使います。上まぶたをシンプルに仕上げることで、下まぶたの色味が目立ってくれます。

下まぶたにアイシャドウをつける時は、鏡を見ながら「上目づかい」の顔を作りましょう。こうすることで、目の端っこのギリギリまで、自分が色をつけたい場所を見ることができます。

メイクを薄くする「勇気」

BAパンダ

メイクを濃くするのはすぐできる、でもメイクを薄くするのは胆力が要る……パンダもこれを実感しています。そのアイテムの「適量」を超えて塗ってしまっていると気づいたら、今日から少しだけ、減らす勇気を持ってみてください。

ある日の吉川さん

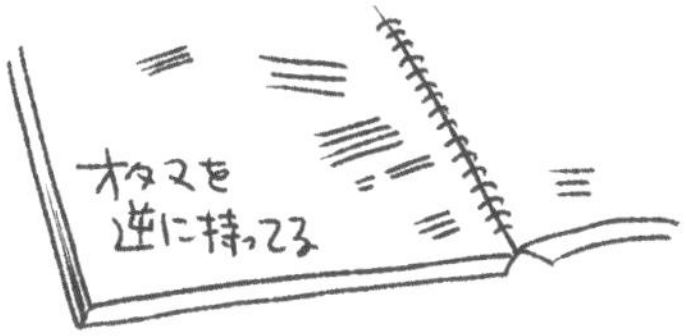

打ち合わせのメモにある
パンダさんに言われた言葉
(なんで言われたのか
もう思い出せない)

Chapter

3

まだ、ベースメイクがなんとなく変

日焼け止めの選び方・使い方のコツ

ざっくり言うと地上に届く紫外線って「UVA」と「UVB」の2種類ありマース
UVA
肌にダメージがある
UVB
焼ける
いわゆる日焼けするタイプの紫外線はこっち
冬は日焼けしないから紫外線は心配ないと思うかもだけど
実は1年中ふりそそいでるんだよネ
夏
UVA
UVB
冬
UVA
UVB
多少の弱い強いはある
この「焼けなくても肌にダメージを与える紫外線」とかの知識が広まってきたのは大きいネ!
冬でもつけるようになった理由はそれか〜

あとさ
昔に比べて
すごい使用感
よくなったでしょ
あっ
そうかも
キシキシしたり
したじゃん
昔は
ちょっと前は
日焼け止め専用の
リムーバーが必要
だったり…
専用
塗ると
白く浮いたり
白い
独特な
においが
すごかったり
そういや
そういうイメージが
いまだにあって
だから
通年つけることに
抵抗あるのかも
昔のイメージが
強くて
遠ざけてるものって
あるよね
今はそーいうの
ほぼないよ！

使用感がいいのは あたりまえ
今はその他に ツヤが出るとか コントロールカラーに なるとか
プラスアルファの 効果もいろいろ
楽しんで 選んでみてね
下地とか ファンデ自体に 日焼け止め効果が ある時も 塗った方がいいのかな
できれば その方がいいね！
目元の コンシーラーだけ 日焼け止め効果が なかったりとか あるでしょ
あっ なるほど…
家の中に いる時も？
微弱でも 紫外線 入るからなぁ～
壁紙とかだって ヤケるじゃん？
おお…
わりといつでも つけるようにしました

日焼け止め効果のあるアイテムは「重ねる」と最強

私たち美容部員は、日焼け止めをスキンケアのアイテムとほぼ同じ考え方で選んでいます。

化粧水を「季節によってやめる」ということがないのと同じで、**「夏だから日焼け止めをつける／冬だからつけない」というような考え方はしていません。**1年・365日を通してつけるのは前提。ただし、季節や目的によって内容を変えるのです。

ちなみに、よくパッケージに書いてあるSPFとは肌の表面をどれだけ守れるか、PAとは肌の奥の方（肌の弾力を保つコラーゲンたちがいる場所）を守れるかを数値化したものです。真夏の炎天下に長時間出るのならSPF50＋、PA＋＋＋＋。夏以外の季節やちょっとしたお出かけならSPF30、PA＋＋＋くらいが目安です。

真夏の過酷な炎天下の日には、**日焼け止めの効果があるものを複数種類、塗り重ねます。**

・乳液タイプの日焼け止め
・ＵＶ機能が高い下地
・ファンデーション＋ＵＶ機能付きパウダー
・スプレータイプの日焼け止めで塗りなおし

こんな感じで、ページをめくってもめくっても、次の日焼け止めの膜が現れるイメージです。

← すごい日差し
P
パンダさんがもっとも日焼けを防止する場所
それはコミケ
すごい列

雪肌精 クリアウェルネス
UVエッセンスジェル
サラサラなジェルタイプの日焼け止め。スーパーウォータープルーフですが、石鹸で簡単に落とせる。体にも使えます。

ETVOS　ミネラルUVベール
限定品のため、店頭に並んだのを見つけたらゲットしてください！色も使いやすく、肌のキメが細かく見えます。

KOSÉ サンカット®
プロテクトUV スプレー
スプレータイプは塗りなおしに最適です。サンダルの上からもシューッとすれば足がサンダルの模様に焼けずに済みます。

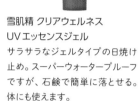

コントロールカラーって何？　使い方のコツ

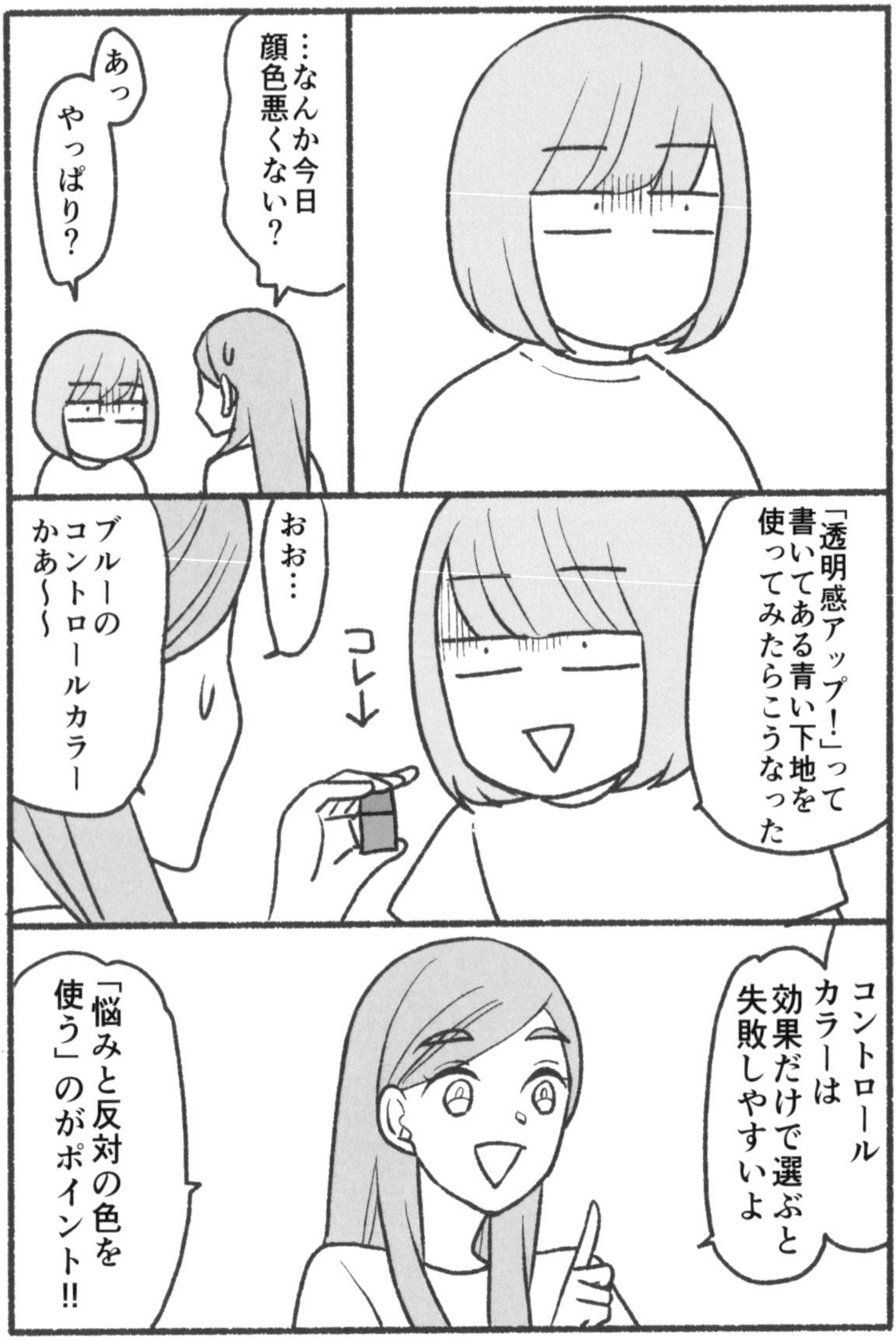

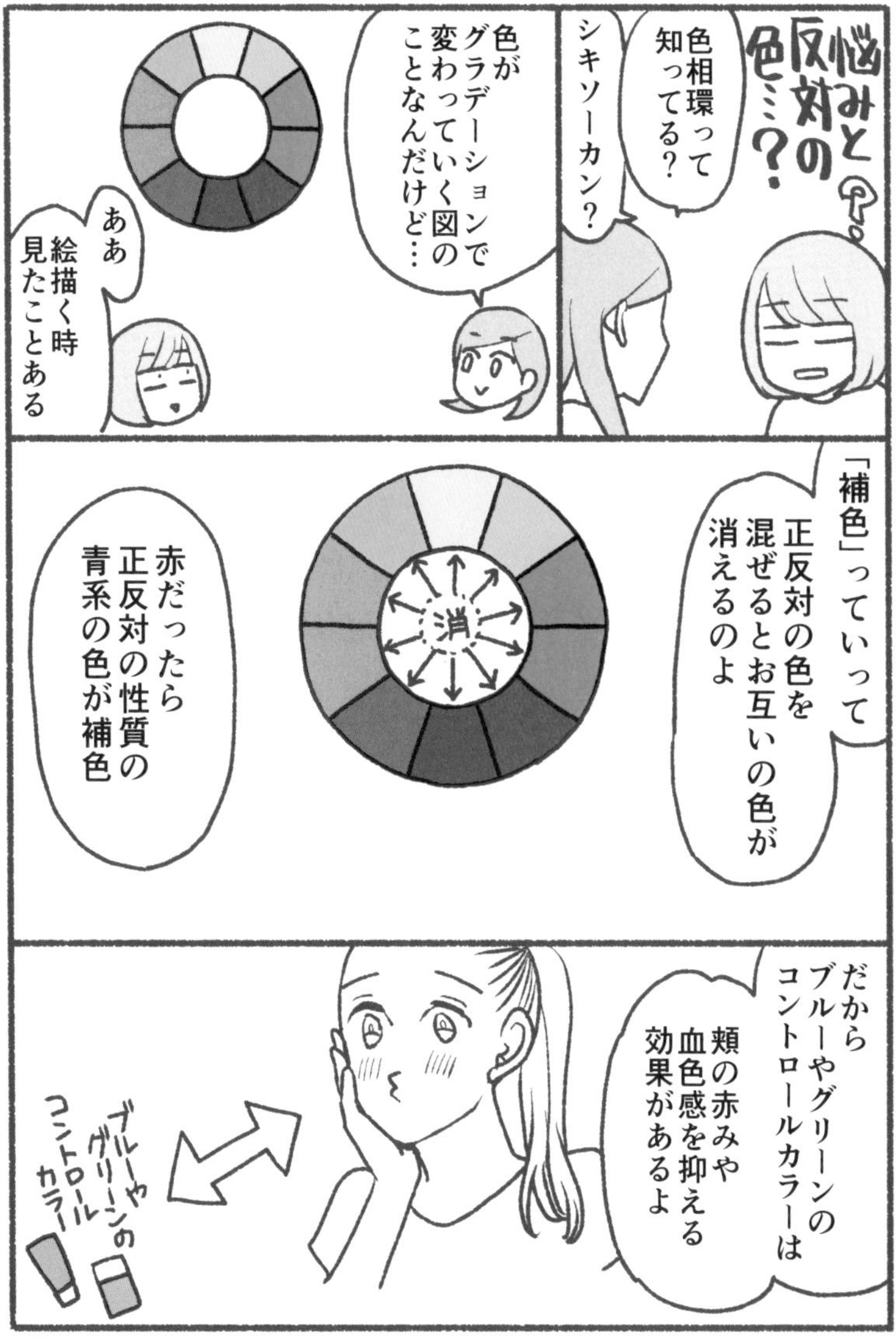
悩みと反対の色？
色相環って知ってる？
シキソーカン？
色がグラデーションで変わっていく図のことなんだけど…
ああ絵描く時見たことある
「補色」っていって正反対の色を混ぜるとお互いの色が消えるのよ
消
赤だったら正反対の性質の青系の色が補色
だからブルーやグリーンのコントロールカラーは
頬の赤みや血色感を抑える効果があるよ
ブルーやグリーンのコントロールカラー

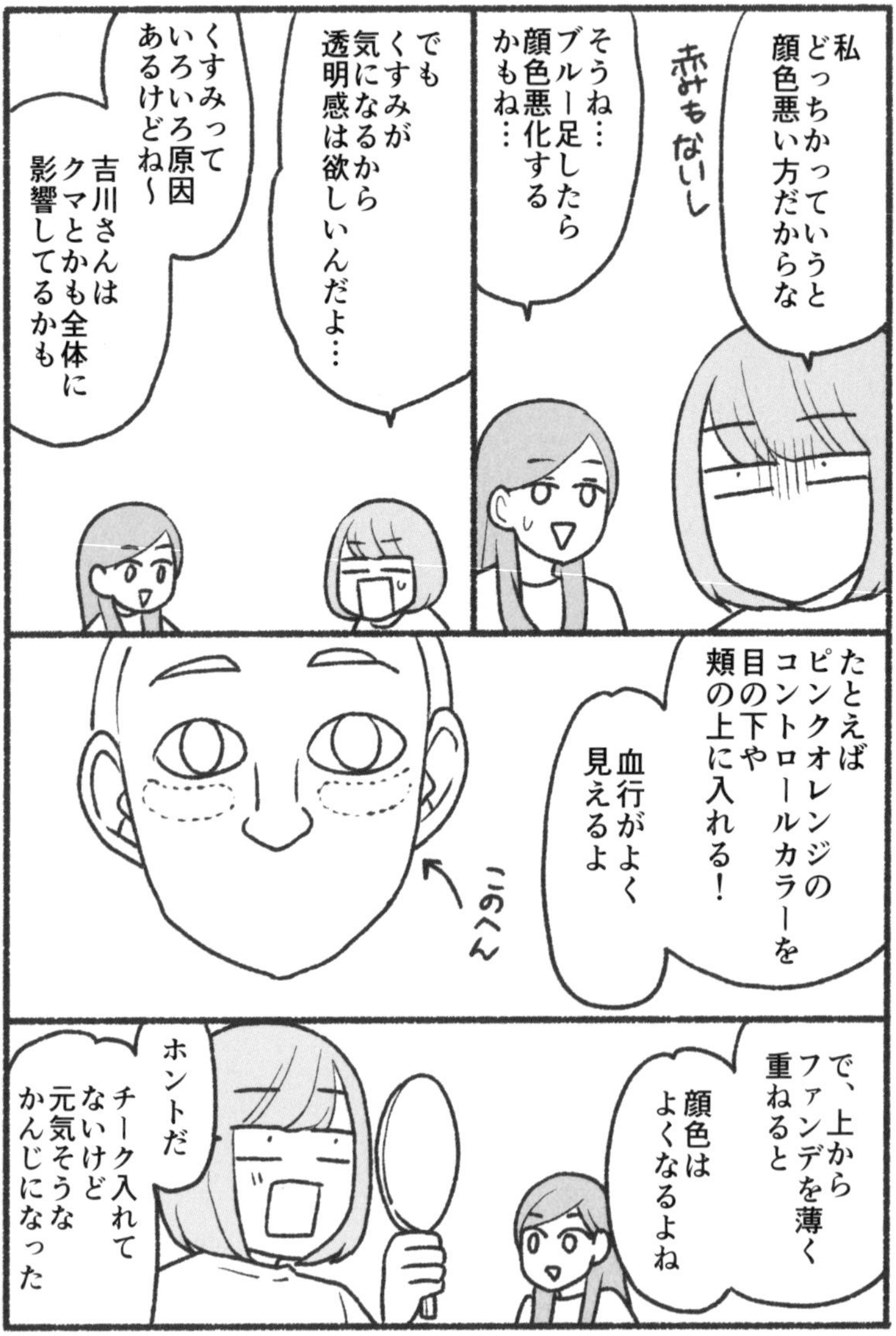
私 どっちかっていうと顔色悪い方だからな
赤みもないし
そうね… ブルー足したら顔色悪化するかもね…
でも くすみが気になるから透明感は欲しいんだよ…
くすみっていろいろ原因あるけどね～
吉川さんはクマとかも全体に影響してるかも
たとえば ピンクオレンジのコントロールカラーを目の下や頬の上に入れる！
血行がよく見えるよ
このへん
で、上からファンデを薄く重ねると
顔色はよくなるよね
ホントだ
チーク入れてないけど元気そうなかんじになった
気がする

ここで
思い浮かべて
ほしいのが
トレーシングペーパー
なんだけど
略してトレペ
トレーシングペーパー?!
薄いピンクのトレペをまず置いて
ピンク
上から肌の色のトレペを重ねるとピンクが透けてきれいでしょ
ファンデ
ピンク
肌悩みの上にまず一枚カラートレペをかぶせて消して
さらにその上に肌の色のトレペをのせてる状態なわけよ
ファンデ
カラー
悩み
なので
コントロールカラーを使う時はファンデも薄〜く!!
下の色も透けさせてね
うす〜く
うす〜く
カバー力の高すぎるファンデを重ねると効果が薄まっちゃうよ

こういう肌悩みの人がいたとしたら――
目の下クマ
頬の赤み
口元のくすみ
目の下オレンジ
頬にブルー
口元もオレンジ
こうやってカラーを足して
ファンデを足すと色ムラのない均一な肌に
あっ…
ん?
顔のカラーをコントロールしている!!!
あらためて
そう!コントロールカラーだからね!
漠然と買うよりも「ココのこの悩みに対応してる色」を選ぶといいよ!
めっちゃなんとな～く買ってた…

でも
これって
コンシーラーで
全部消せない？
そりゃ
そうだよ
そうなの?!
いいのか
それで
コンシーラーは
悩みをカバーしてくれて…
コントロールカラーは
悩みを消しつつ
ニュアンスもプラス
してくれるって
かんじかな
ニュアンスを
プラス…
私の肌に
どんな
ニュアンスが…
まぁ
難しく
考えすぎなくて
大丈夫
コンシーラーで
消す以上に
肌の完成度を
上げたい時に
使うといいかもね
あきらめずに
やってみるか〜

コントロールカラーの選び方は「迷ったら、ラベンダー」

肌の「色」の悩みを解決するアイテムには、「コントロールカラー」「コンシーラー」の2つがあります。

コントロールカラーは、**色の悩みが「広範囲」にわたる場合**に有効です。一方、ポツッとできたニキビ跡など**「スポット」の悩みにはコンシーラー**を使います。

色が透ける「トレーシングペーパー」であるコントロールカラーに対して、コンシーラーはカバー力が高いのが特徴。要は「肌色が透けない紙」ですね。ただ、その分広範囲に同じ色を塗ってカバーすると、全体が厚塗りの状態になりやすいので注意が必要です。

コントロールカラーでまず考えるのが「何色」を選ぶか。自分の悩みが明確な人は

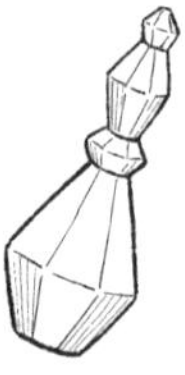

問題ないと思いますが、「なんとなく、くすみも赤みも黄味も全部気になっている……」「何色を使えばいいかわからない……」という方は、ラベンダーカラーを選んでおくと、失敗しません。結論、「迷ったら、ラベンダー」です。

青でもなくピンクでもないラベンダーカラーは、いろんな悩みにオールマイティーに対応でき、肌のトーンを明るくし、透明感を出してくれます。

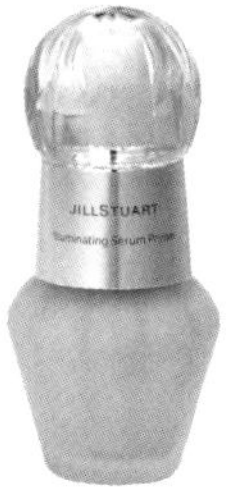

JILLSTUART　イルミネイティング セラムプライマー
程よいツヤ感と青の透明感、ピンクの血色感のいいとこ取り。見た目もかわいい！

Ririmew
トーンアップカラープライマー
ラベンダーすぎたり、グリーンすぎたりせず程よくニュアンスが足せるコントロールカラー。顔全体につけても不自然にならない、まさに「トレペ」です。

クッションファンデをきれいにつけるコツ

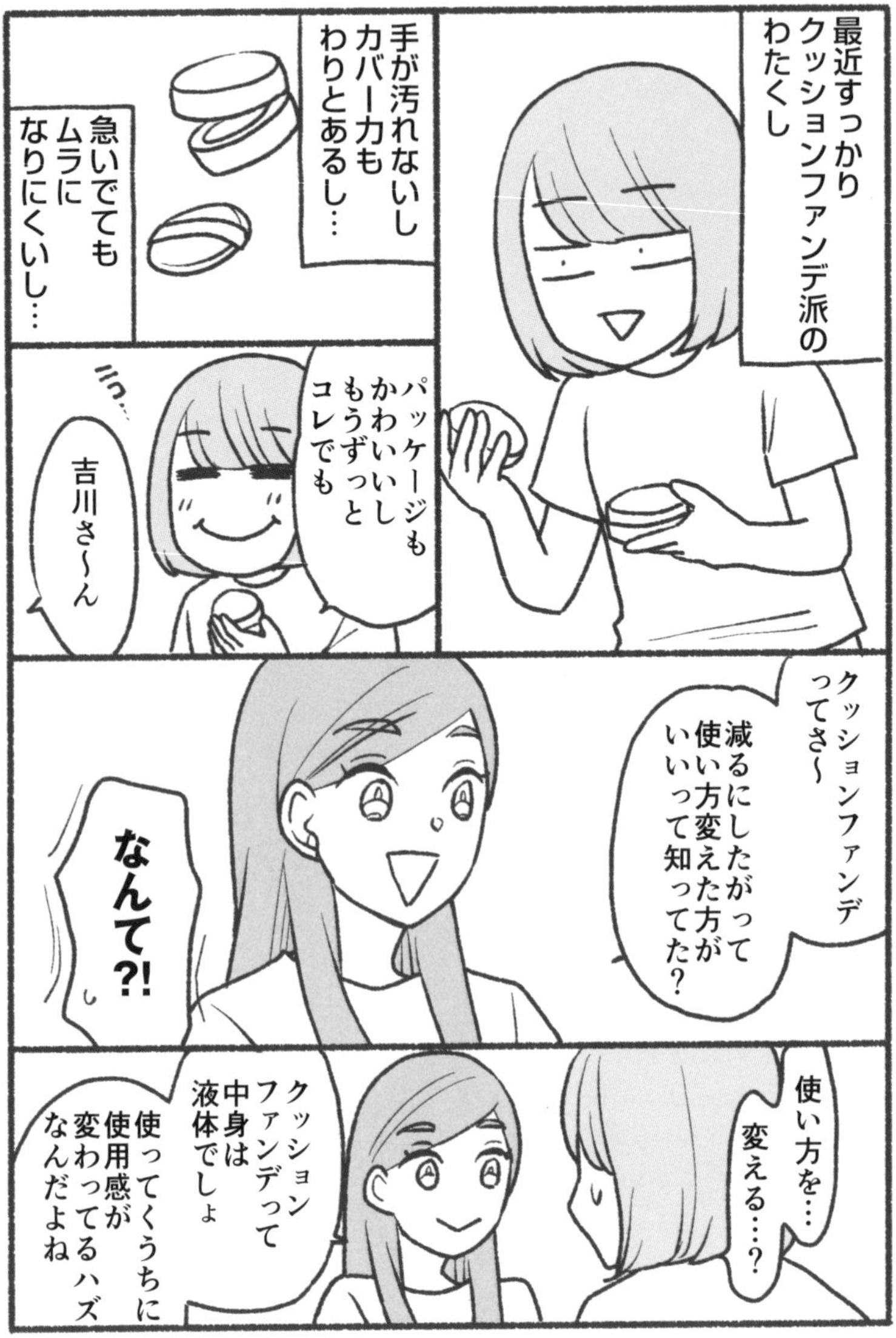

使い始めは
水分たっぷり
スポンジ全体に
水っぽくつくから
フタ裏でポンポンして
量を調節
みずみずしく
見えるようだと
ちょっと多い
使い続けると
スポンジに
つきづらくなるので
フタ裏で調節する
必要はなくなるよ
少なくなっても
フタ裏ポンポンは
やっていた…
それだと
ちょっと少なかった
かもね～
あとさ
だんだん
中央につきにくく
なって
外側につくでしょ
ついてない…
あっ
たしかに
これもやっぱ
もとが液体だから
なんだよね
私も
ひっくり返して
置いといたり
するよ
下にたまる
こんな
具合に
たまってるので…
ひっくり返して
おくと
復活
そういや
立てて
しまってると
上側にしか
つかなくなる…

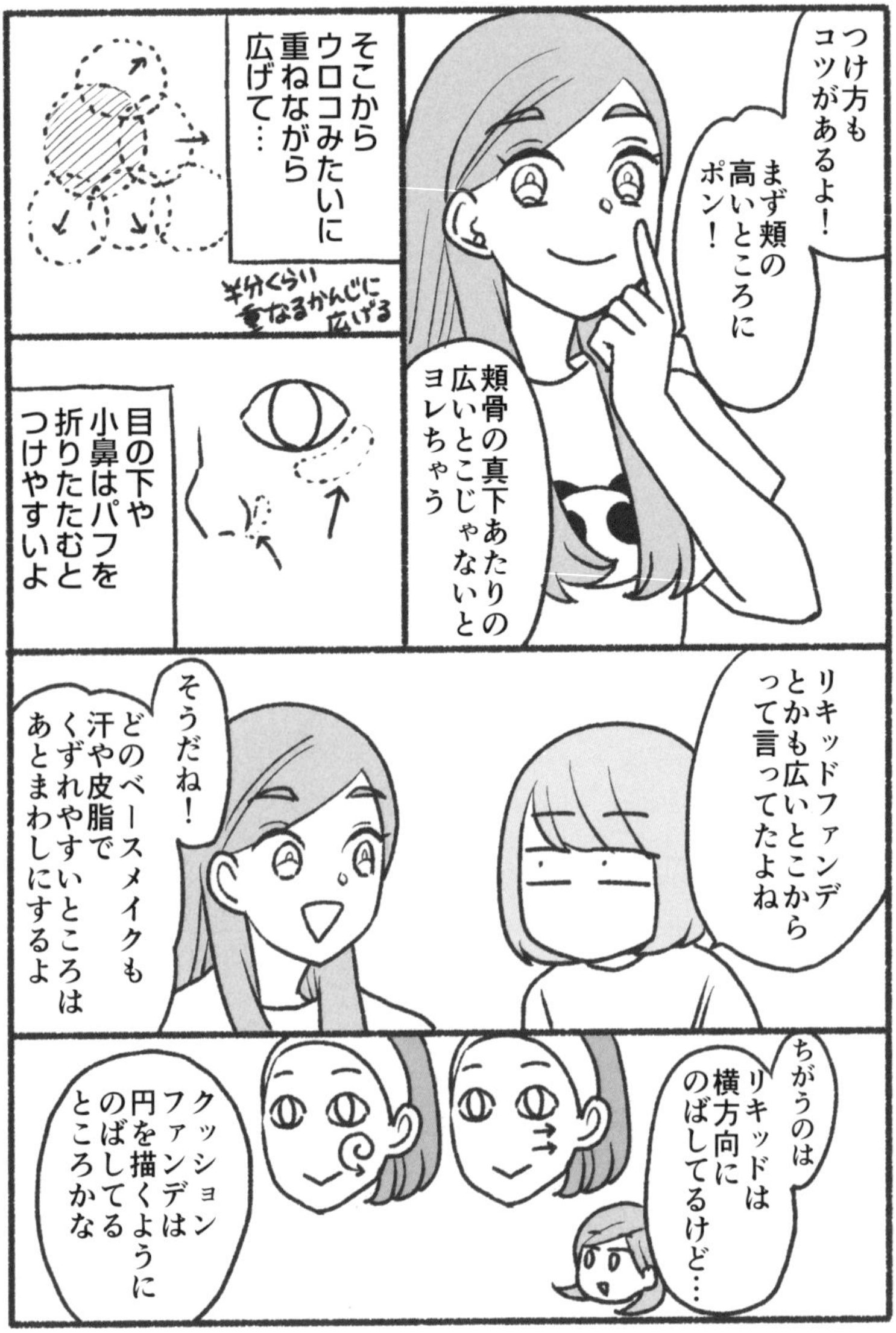
つけ方もコツがあるよ！
まず頬の高いところにポン！
頬骨の真下あたりの広いとこじゃないとヨレちゃう
そこからウロコみたいに重ねながら広げて…
半分くらい重なるかんじに広げる
目の下や小鼻はパフを折りたたむとつけやすいよ
リキッドファンデとかも広いとこからって言ってたよね
そうだね！
どのベースメイクも汗や皮脂でくずれやすいところはあとまわしにするよ
ちがうのは
リキッドは横方向にのばしてるけど…
クッションファンデは円を描くようにのばしてるところかな

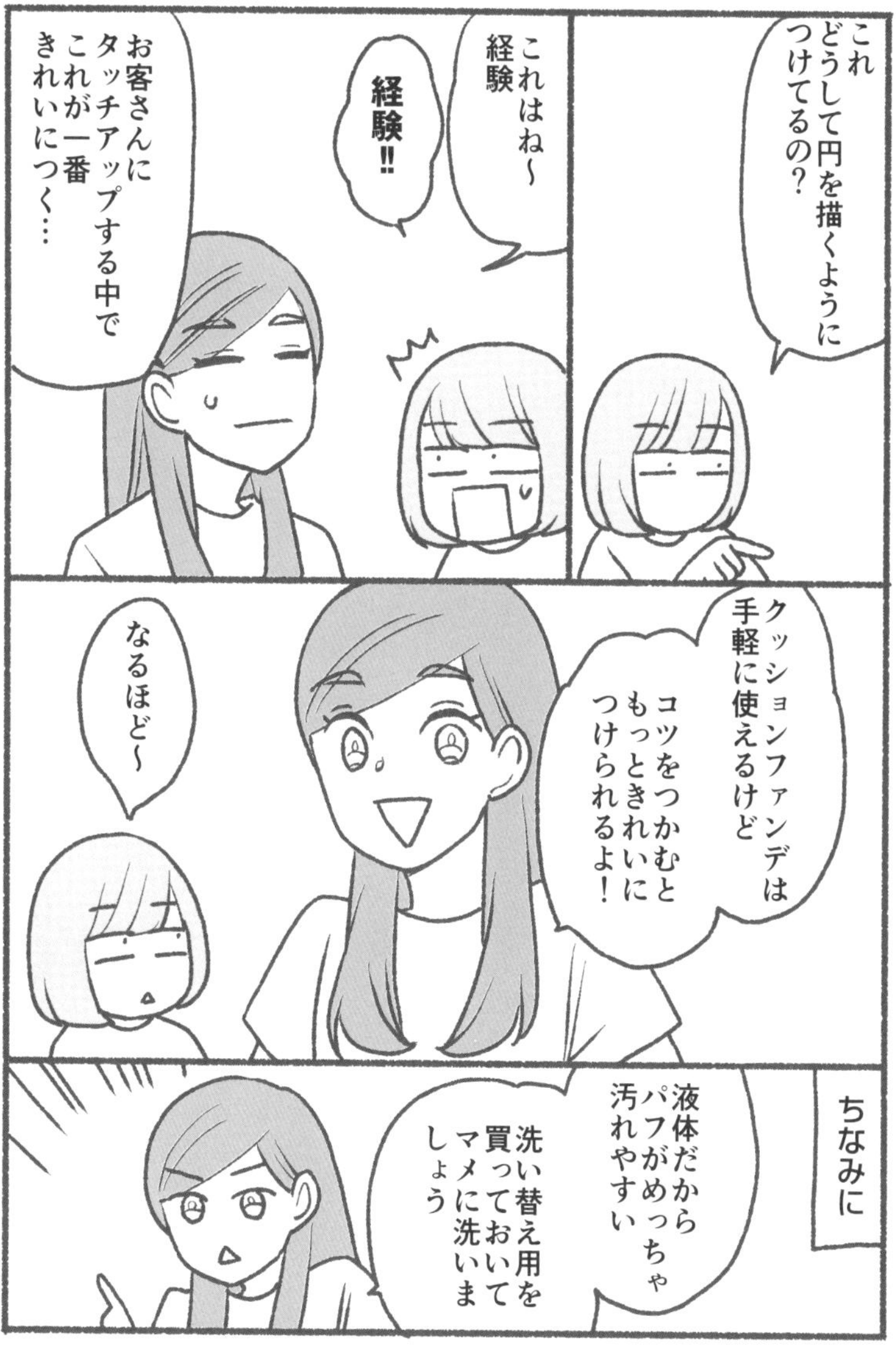
これ
どうして円を描くように
つけてるの？
これはね～
経験
経験‼
お客さんに
タッチアップする中で
これが一番
きれいにつく…
クッションファンデは
手軽に使えるけど
コツをつかむと
もっときれいに
つけられるよ！
なるほど～
ちなみに
液体だから
パフがめっちゃ
汚れやすい
洗い替え用を
買っておいて
マメに洗いま
しょう

クッションファンデはスライドせずスタンプみたいに「ぽん！」と押す

ここ最近のベースメイク市場で商品が「百花繚乱」だったといえるのが、クッションファンデーションだと思います。いろんなメーカーさんから、いろんな仕上がり（つやつやからマットまで）、いろんなカバー力（ナチュラルからハイカバーまで）のものが出ました。消費者側としては、選びたい放題です。パンダも大好きで、たくさん持っています。

クッションファンデは手軽なのが何よりの魅力ですが、とはいえ、つける時には注意点があります。

・つけすぎ注意

「1回のぽん！」でつけすぎないこと。パフの表面に濡れた質感が見えるようならそれは多すぎるので、フタにつけて取り除くことを忘れずに。

・スライドしない

粘度が比較的高いリキッドファンデーションと違ってよれやすいのが弱点。ゆえに、つける時はスライドしないようにしましょう。頬の一番高いところにスタンプを押すように「ぽん！」とつけ、その後は円を描くように「ぽぽぽぽぽん！」と広げます。「ぽん！　ぽぽぽぽぽん！　ぽん！　ぽぽぽぽぽん！」なんだか不思議な呪文みたいですが、この動作を繰り返します。

DIOR ディオールスキン
フォーエヴァー クッション
〈ミッツァ エディション〉
ケースに名前が入れられるクッションファンデ。パンダは推しの名前を入れて使っています！　ちょっといいプレゼントとしてもおすすめ。

TIRTIR　マスクフィットクッション
UVカット効果が高く、かつカバー力も高い。つける量が少なくて済みます。

シミをカバーするメイクのコツ

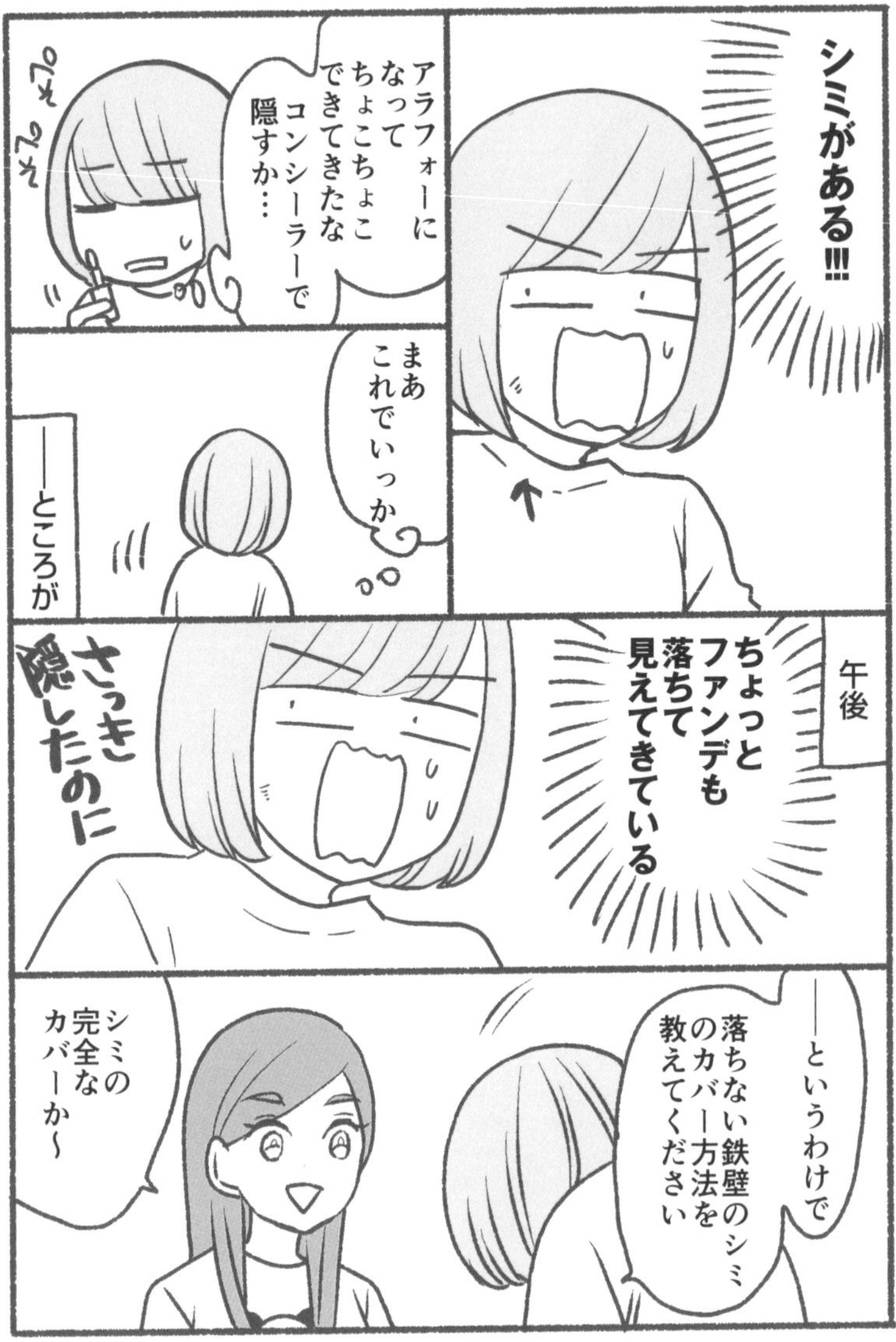

シミをきれいに隠すにはまずコンシーラー選び！
できるだけ粘度が高くてハイカバーのものを選んで…
クマやくすみ向きのサラサラしたものは使わないよ
指で温めながらゆるめる
冬場や寒い時は、固くなりやすいので手の甲で温めてから使うよ
肌が透けないので肌色ピッタリのものを選ぶのがポイント！
普通のコンシーラー
下が若干透けるが肌色になじみやすい
ハイカバーのコンシーラー
まったく透けないがなじみにくいので自分の肌色と完全に合わせる
シミのある箇所にそれぞれピッタリの色って選びにくくない？
うん
なので2色買って混ぜて使ってる人とかもいるね
おお…

それじゃ
ハイカバーのやつを……
色を合わせて
今度こそバッチリ
シミの上に……
ポンと……
!……
グワァァー
のぺたーん
今度はすごい
広範囲に
塗っちゃった……
逆に目立つ……
ハイカバータイプの
コンシーラーは
専用のブラシを使うと
ピンポイントに
のせやすいよ!
元気出して
それとね
ハイカバー
コンシーラーは
リキッドファンデ
の時はあと!!
下地
リキッド
コンシーラー
パウダー
ファンデの時は
先にのせるよ!
下地
コンシーラー
パウダー
境目を
しっかりぼかして
最後にお粉で
軽くおさえよう

——とまあ
コツはいろいろ
説明したけど…
けどシミも
そこまで
隠さなくても
よくない？
わ〜〜〜
いや
カバーは
できるんだけど…
メイクは
「欠点を隠す」より
「長所を活かす」方向で
頑張った方が
楽しいと思うんだよね
うーん
それは確かに…
あと正直
マジ気になるなら
皮フ科で
レーザーで
ピッと取るのも
オススメ
早いし…
あっ…それでも
いいんですね?!

シミを隠すコンシーラーは手の甲で「コネコネ」してから塗る

シミを隠す目的でコンシーラーを使う時は、肌を透けさせないことが重要。そのため、アイテムはカバー力が高い（ハイカバー）ものを選ぶのがポイントです。下の色が透けない分、浮いてしまうリスクがあるので、肌色の色選びはかなり慎重にします。ぴったりな色がない場合は2色のコンシーラーを混ぜて使ってみてください。

さらに、ハイカバーなタイプは質感が「固い」「重い」ものが多いです。こういうタイプは乾燥もしやすいので、水分が多い、スルスル伸びるタイプに比べると、扱う難易度は高くなります。

ハイカバーなコンシーラーをきれいに扱うコツは2つ。

・コンシーラーブラシを使う

・手の甲でコネコネして、柔らかくしてからのせる

手の甲でなじませる理由としては、固い質感のコンシーラーを柔らかくして、ムラなく塗るため。色を調整するために2色を混ぜ合わせたり、浮いていた油分をコンシーラーの中で均一にすることもできます。

ブラシでシミにのせたあとは、肌との境目だけを指でトントンとたたきます。こうすると、コンシーラーと肌の段差がなくなります。

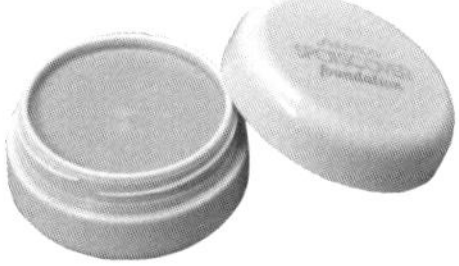

資生堂　スポッツカバー
ファウンデイション
6色展開で、シミ以外にもあざなどもカバーできます。さらに、2色持っていれば混ぜて様々な部分に使えるのでさらに便利。

RMK　コンシーラーブラシ
粘度の高いアイテムをつける場合に使う「硬い」ブラシ。洗いやすいのもポイントです。

「なんとなく年齢を感じる……」対策のコツ

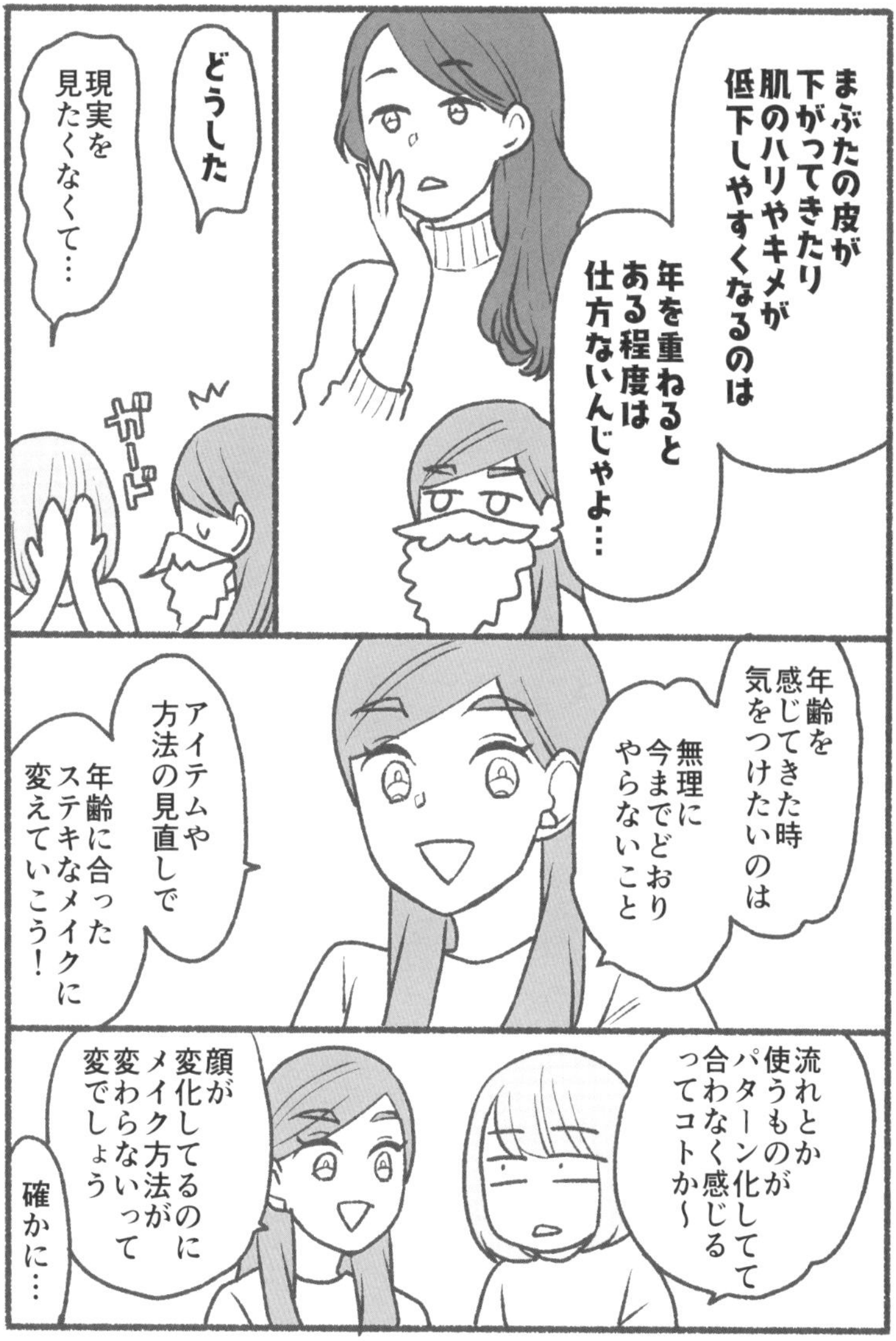
まぶたの皮が下がってきたり肌のハリやキメが低下しやすくなるのは
年を重ねるとある程度は仕方ないんじゃよ…
どうした
現実を見たくなくて…
ガード
年齢を感じてきた時気をつけたいのは
無理に今までどおりやらないこと
アイテムや方法の見直しで
年齢に合ったステキなメイクに変えていこう!
流れとか使うものがパターン化してて合わなく感じるってコトか〜
顔が変化してるのにメイク方法が変わらないって変でしょう
確かに…

それと初歩だけどファンデの色も見直すといいかも
えっ でもずっと同じような色番だけど…
そうでしょ
若い時に見てもらった色のままって人も多いんだけど
年を重ねて色味が変わってることがあるので…
ちょっと焼けたり逆に白くなってたり
20 years old
40 years old
色のトーンが同じでもオークル系からピンク系に変えてくすみが目立ちにくくなったりする人もいるしね
へー!!
これはやっぱりカウンターで見てもらってほしいかな
行ってみる…

アイメイクは とりあえず いろんな方向に ひっぱりながら やるといいよ
まぶたは 年齢で 薄くなったり ヨレやすくも なるので
下がったり
たるんだり
ひっぱりつつ 薄く丁寧に のせていこう
少しずつ
顔立ちの 変化に合わせて
ちょっとずつ 手持ちのアイテムとか 入れ替えていくと いいかな
ちなみに
持ち歩く ポーチの中身 とかも たまに見直すと いいよ
今は このパウダーだと カサカサするとか この色のリップ の方が いいとか

「ツヤ」は年齢に対抗する武器。あらゆる悩みを隠してくれる

「年とったかも……」「なんだか肌が変わってきたな……」

アラフォーになったあたりから、わたくしパンダも鏡を見てそう思うことが増えました。美容部員も、当然ですがいろんなエイジングの悩みを抱えながら、日々生きています。ですから、店頭のお客さまから自分と同じような悩みを相談いただくと「同志」のような気分になり、アドバイスにも力が入ります。

お客さまからのお悩みで一番多いのは「老けてきたから、もっと隠すものがほしい。もっと重ねて塗りたい」というもの。これに対して「たくさん塗ることで、かえって逆効果になることもあるんですよ」とお話しすると、ほとんどの方が驚いた顔をされます。

実は、シニア世代に近づけば近づくほど、メイクで大事にすべきは「ツヤ」です。「マ

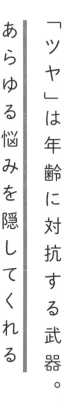

イナスを塗りつぶして隠す」のではなく、「ツヤをプラスする」ことで、年齢を重ねたことに伴うあらゆる悩みが隠れてくれるのです。ダメなところを直すのではなく、いいところを伸ばす。褒める教育と同じですね。

ツヤは、スキンケアとメイク品とを合わせて錬成する武器です。スキンケアは特に重要。とにかく保湿しましょう。乾燥した肌の表面がカサカサしていたら、ツヤがでません。メイク品を使う前段階で、武器の強さは決まっているのです。

コスメデコルテ
トーンパーフェクティング パレット
エイジングの悩みは最小限の範囲を最小限の量でカバーすることで「厚化粧」ではない美しい仕上がりに。適材適所で使えるパレット式のコンシーラーは武器になります。24ページでも紹介。

コスメデコルテ
フェイスパウダー
ツヤを出すためにパールやラメを顔全体にはたくと、肌の凹凸が目立ちすぎてしまいます。こちらのパウダーはパールではなく、光を自然に跳ね返してくれます。

厚塗りに見せないために
「お粉」を最小限にしましょう

「エイジングのお悩みを隠そうとすると、厚塗りになる」
「でもナチュラルなメイクをすると、お肌の悩みが隠れない」
年齢を重ねるに従って、こうした矛盾に悩まされている方は多いのではないでしょうか。

これを解決するためにまず知って欲しいのが「厚塗り」と「厚塗りに見える」は違うということです。

美容部員である私の肌を見て「同世代なのに、肌がきれいですね」とお声がけいただくことがあります。確かにスキンケアも頑張っていますが、年齢を重ねてからは、それなりに厚塗りをしています。それでも「肌がきれいですね」と感じてもらえたのは、「厚塗りに見えないテクニック」を駆使しているからです。

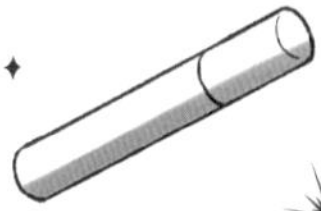

厚塗りに見えるか見えないか。運命を分けるのが

- **顔の凹凸《おうとつ》感**
- **首の色との差**
- **粉っぽさ**

です。

厚塗りに見えないためには、カバーする箇所によって色を変え、立体感を出すこと。

そして基本ではありますが、ファンデーションは首の色に合わせて選ぶこと。必要なら下地にコントロールカラーをつけてみます。

そして最後に一番大事なのが、お粉の量を必要最低限にすること。

特に目尻や口の周りは粉っぽくなりやすいので注意。パフでTゾーンを中心にお粉を乗せたら、あとは伸ばすだけにします。部分的にツヤが効いていると、厚塗り感がぐっと薄れて、自然なのにキメが整った肌に見えてくれます。

プロのメイクを「分解」してみる

BAパンダ

広告の女優さんを見て「あの人はきれいだからな～」と思ってしまう代わりに、グッと解像度を上げてメイク研究をするのはおすすめ。眉の形、グラデーションの作り方、その時の肌のツヤ感、そしてどんな「組み合わせ」なのかを見ると新しい発見があります。

ある日のパンダさん

出かける意味ないじゃん

いつもバッグが
推しのぬいぐるみやアクスタで
パンパンのパンダさんに
「それ置いてきたら？」と
言った時の返事

Chapter

4

まだ、チーク・ハイライト・リップがなんとなく変

チークブラシ、腕の動かし方のコツ

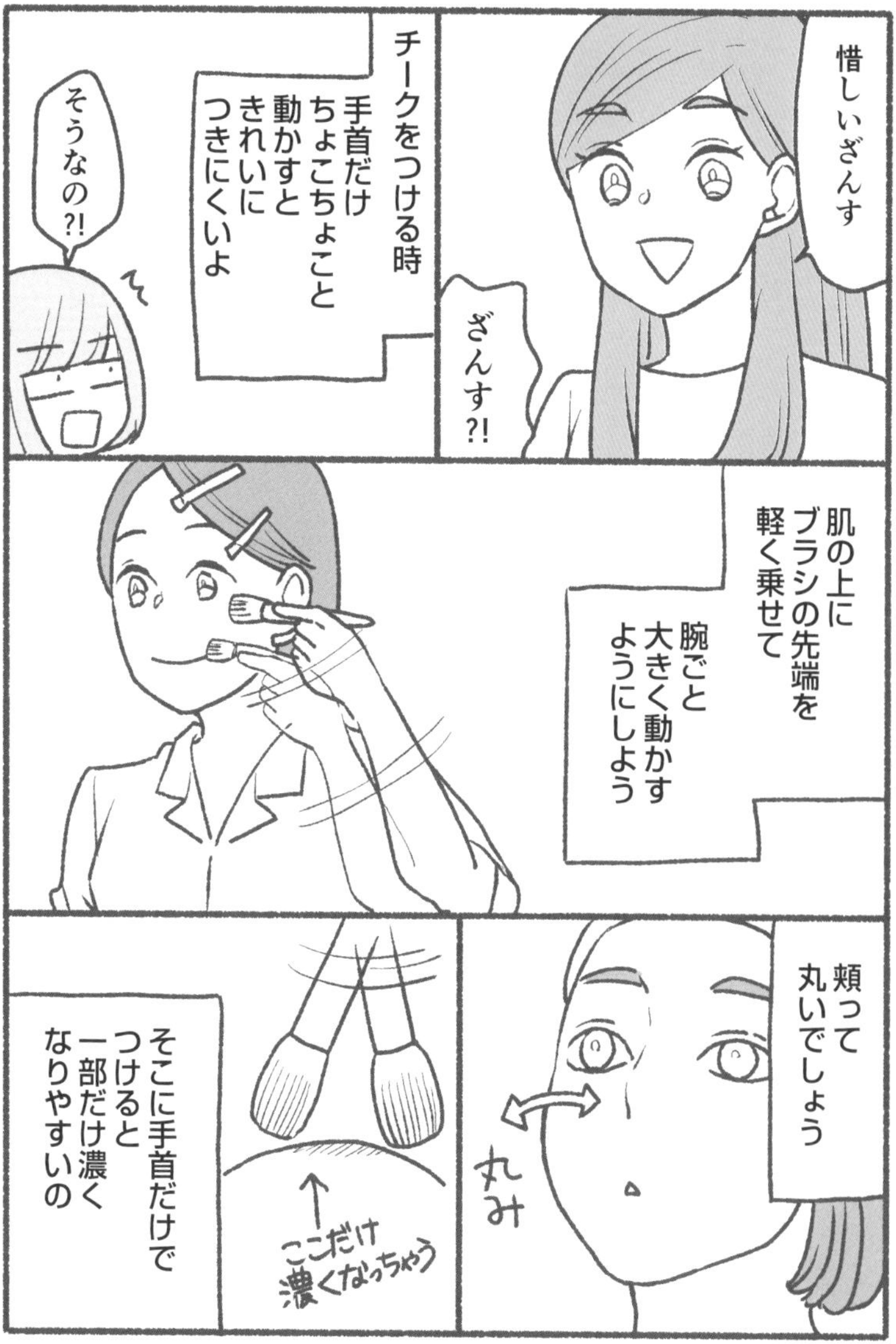
惜しいざんす
ざんす?!
チークをつける時
手首だけちょこちょこと動かすときれいにつきにくいよ
そうなの?!
肌の上にブラシの先端を軽く乗せて
腕ごと大きく動かすようにしよう
頬って丸いでしょう
丸み
そこに手首だけでつけると一部だけ濃くなりやすいの
ここだけ濃くなっちゃう

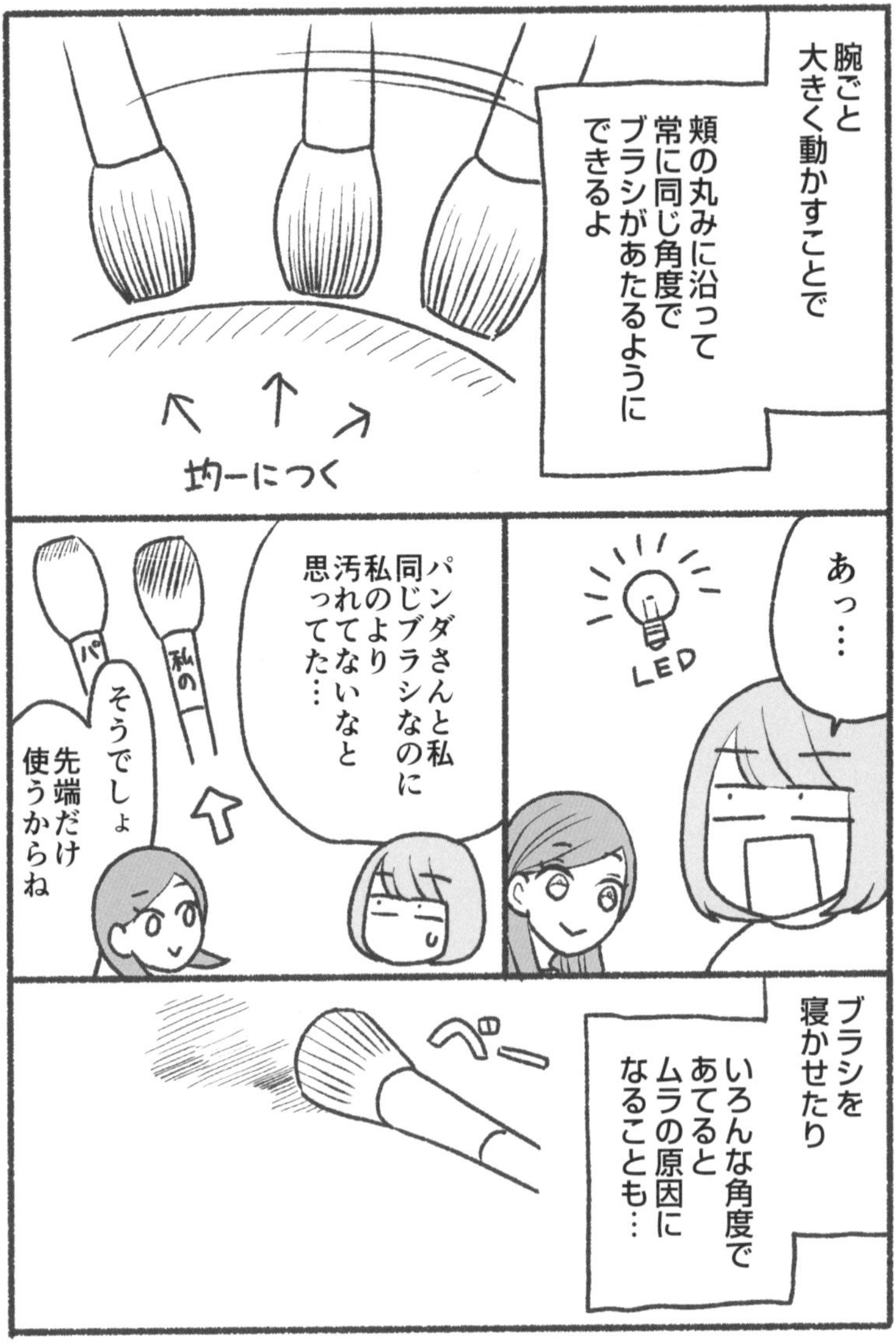

腕ごと大きく動かすことで
頬の丸みに沿って常に同じ角度でブラシがあたるようにできるよ
均一につく
あっ…
LED
パンダさんと私同じブラシなのに私のより汚れてないなと思ってた…
私の
パ
そうでしょ
先端だけ使うからね
ブラシを寝かせたり
いろんな角度であてるとムラの原因になることも…
ペー

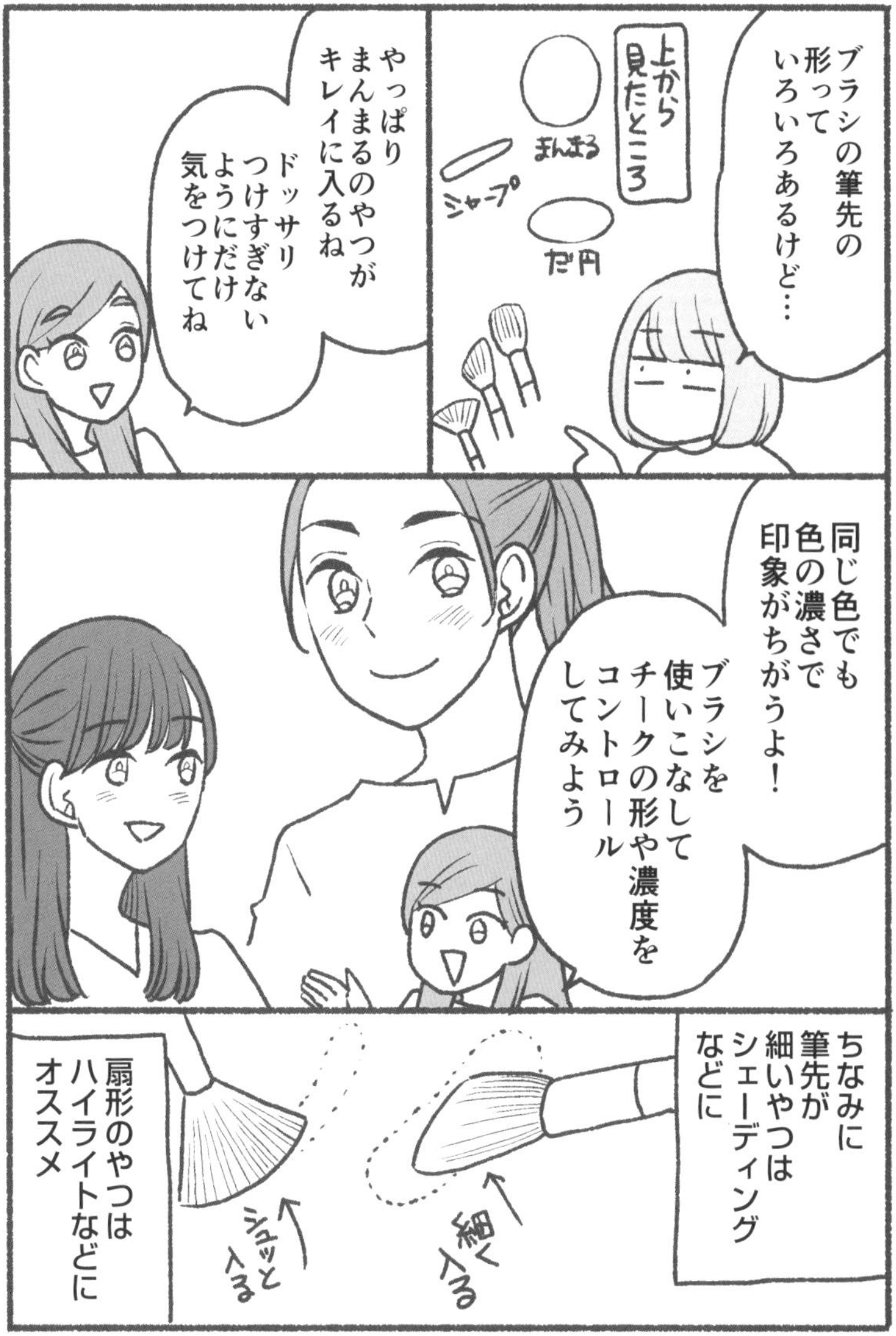
ブラシの筆先の形っていろいろあるけど…
上から見たところ
まんまる
シャープ
だ円
やっぱりまんまるのやつがキレイに入るね
ドッサリつけすぎないようにだけ気をつけてね
同じ色でも色の濃さで印象がちがうよ！
ブラシを使いこなしてチークの形や濃度をコントロールしてみよう
ちなみに筆先が細いやつはシェーディングなどに
細く入る
シュッと入る
扇形のやつはハイライトなどにオススメ

チークは「手首固定！」で とにかくつけすぎを防ぐ

復習になりますが、チークについて一番大事なことは、「でっかいブラシを使う、以上！」でした。テクニックがなくてもブラシさえ買えば、きれいなグラデーションが可能。ジュワッと血色感のある顔を作ることができます。

さらに、ブラシでチークをつける時には「手首は固定！」に気をつけてみてください。ブラシは頬のカーブに沿って、ひじごと左右に動かします。**手首の動きだけでつけようとすると、頬の高いところだけにチークが濃くついてしまう**のです。

さらに、チークブラシを選ぶ時には、「穂先がどんな形か」をチェックしてみるといいと思います。

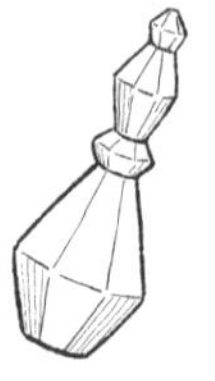

・穂先が斜めにカットされているもの：穂先全体に均等に色がつきます
・穂先が丸くカットされているもの：真ん中は濃く、周りは薄く色がつきます

どちらも使い方次第ですが、手軽にグラデーションを作りたい場合は、穂先が丸くなっているものがおすすめ。グラデーションが自動的にできるので「ぼかす」手間を省くことができます。

BAパンダオリジナル
1本で3役！ 時短でっかいメイクブラシ
テクニックいらずのオリジナルブラシを作りました。チークブラシ、パウダーブラシ、パフを兼ねるためコスパ最高&時短になります。人工毛で洗いやすく、扱いやすいのに天然毛に近い質感、機能を備えています。
「#パンダブラシ」と呼んでください。

SUQQU　ピュア カラー ブラッシュ 01 蕾咲
チークはつきがよすぎても悪すぎても困ります。こちらはブラシにつけるだけで色がふんわり自然にのってくれます。24ページでも紹介。

愛用 CHANEL　パンソー カブキ N°108
前作でも紹介したパンダの愛用品。#パンダブラシと同じで、毛先がまん丸。テクニックなしに、グラデーションができます。

はじめてのシェーディングのコツ

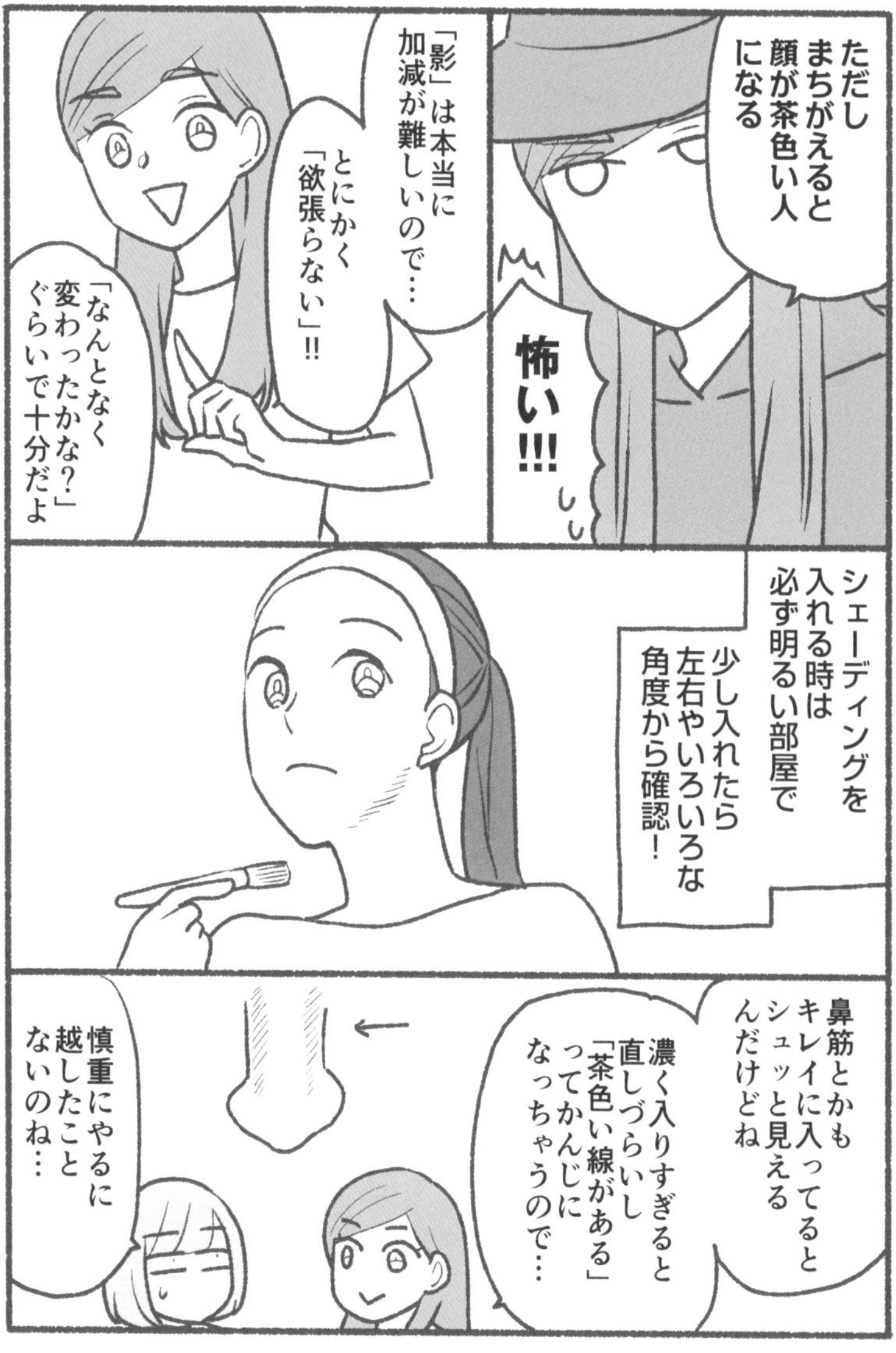
ただし まちがえると 顔が茶色い人 になる
怖い!!!
「影」は本当に 加減が難しいので…
とにかく 「欲張らない」!!
「なんとなく 変わったかな?」 ぐらいで十分だよ
シェーディングを 入れる時は 必ず明るい部屋で
少し入れたら 左右やいろいろな 角度から確認!
鼻筋とかも キレイに入ってると シュッと見える んだけどね
濃く入りすぎると 直しづらいし 「茶色い線がある」 ってかんじに なっちゃうので…
慎重にやるに 越したこと ないのね…

フェイスラインに入れる時は
頬骨の下から入れる
頬骨
濃くしたいところからスタート
フェイスラインと首の境目をしっかりなじませよう
あんまりついてるかんじしないんだけど…
?
自分で見て茶色さがわかるくらいだと入れすぎかな
ホント「なんとなく」で大丈夫だよ
ノーズシャドウは眉頭の内側に
ヨコ
目頭側に向かってぼかす
目元に立体感が出て完成度が上がる

鼻を細く高く見せたい時はノーズシャドウの延長線上や
鼻先に軽く入れる
で、どの工程もハイライトで仕上げる！
ハイライト？シェーディングなのに？
できた
光が足されるとさっきまであんまり目立たなかった影がよくわかる！
わー
光ってる部分
暗い部分
ふしぎ〜
そうでしょ
影って影だけで存在してるわけじゃないからね
影と光を上手に操って
立体感のある顔を目指してみておくれ…
ザッ
ザッ
ニャー
ニャーニャーニャー
ニャー
魔女さんが森に帰っていく!!
ありがとうございました！

シェーディングは失敗をごまかしづらい「難しい魔法」です

この世の本質は光と闇です。光あるところに闇が生まれます。ん？　なんだか突然「魔法学校」の授業みたいになってしまいましたが、なんと、「この世の本質」は、メイクにも適用できます。

メイクの場合は、**光＝ハイライト、闇＝シェーディング**となります。メイクとは要するに、光と闇を駆使して、顔を立体的に、魅力的に見せるもの。この考え方は、アイメイク、ベースメイクなど場所が変わっても共通です。

前作『メイクがなんとなく変なので友達の美容部員にコツを全部聞いてみた』では、光、つまりハイライトのテクニックだけを紹介しました。

一方、暗く見せたいところ、目立たせたくないところに擬似的な影を足すメイク法も存在します。それが、シェーディングです。最近は定番のパウダーに加え、スティッ

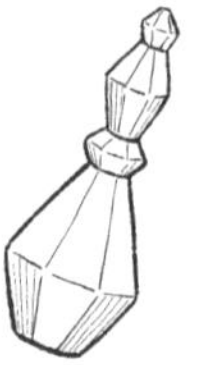

クタイプ、リキッドタイプなど、シェーディングのためのアイテムも多様になりました。

ただし、ハイライトとシェーディング、もしどちらか一方だけを使うとしたら、パンダは断然ハイライトをおすすめします。人の視線は光に集まります。**光を足す方が失敗しづらく、かつメイクの効果も高い**のです。

一方のシェーディングは、失敗をごまかすのが難しい。質感がマットなアイテムは特に、濃くつけた時ムラが目立ちやすく、影ではなく単に「肌が茶色い」だけの人になってしまうことがあります。

shu uemura ブラシ 18r レッド
影を自然にふんわり入れるには、毛足が長くて大きいブラシが使いやすいです。

愛用 MAC　エクストラディメンション スキンフィニッシュ ダブル グリーム
光を足すアイテム。24 ページでも紹介。

too cool for school
アートクラスバイロダン シェーディングマスター
影を足すアイテム。24 ページでも紹介。

シェーディングは「欲張らない」

一番ベーシックで取り入れやすいシェーディングのパウダーの使い方をお伝えします。とにかく、シェーディングで大切なのは「欲張らない」こと。闇魔法を乱発してはいけません。

確認する時は、必ず部屋を明るくして、鏡で顔全体が見える状態で。まずは薄く左右に入れてみて、**顔を横からも確認**して様子を見ましょう。入れるのは、主に2カ所です。

・フェイスライン

シェーディングで最も効果を期待されているのが「小顔」だと思います。フェイスラインとあご先に影を与えて「私の顔、ここまでですけど?」と見せる手法です。

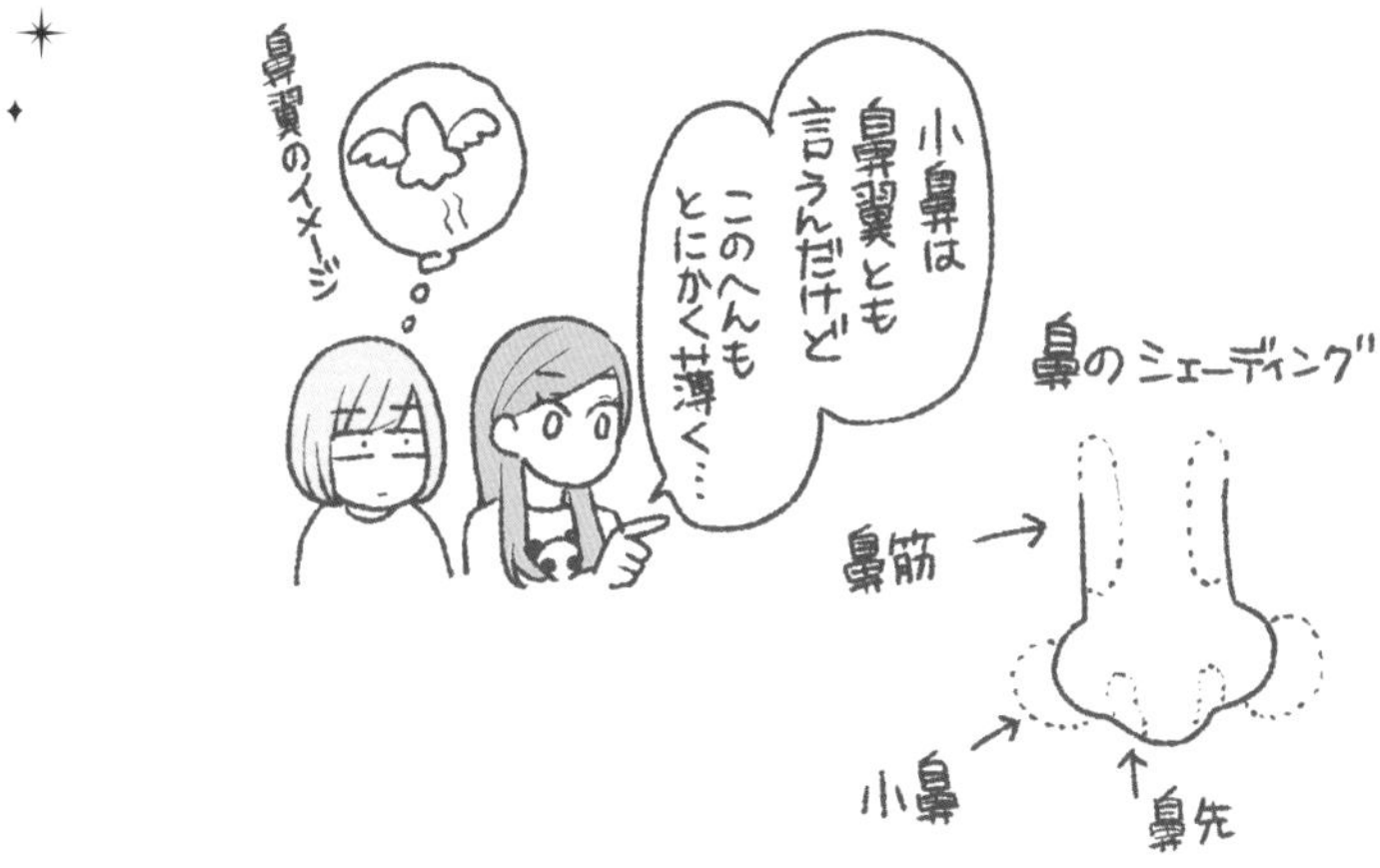

フェイスラインの影は、スポット的なものではなく「面」でできています。ふんわり暗くしたいので、ここでも「でっかいブラシ」を使います。

・鼻

フェイスラインに加え、顔の中に欲しい影。それはノーズシャドウです。鼻を高く見せたり、鼻の形を美しく見せる手法です。このノーズシャドウも「欲張らない」が大切。色はアイブロウパウダーの一番薄い色くらい。若干肌より暗い、茶色くなりすぎない色を選びます。

はじめてのリップライナーのコツ

リップライナーって必ずしも濃い色で入れなくていいんだよ
特に口角に濃く入れすぎると締まらない感じになっちゃう
じわ〜
色選びとポイントをおさえてうまく使おう！
まず引く時にしっかりめに描いていいのはココ！
山の形がキレイだときちんと感も出るよ
わざと少しはみだすようにするとオーバーリップになってカワイイよ
これも山のとこだけなんだね
口角がボンヤリしてるのはどうしたらいいの？
ベージュ系でリップラインを引くか
コンシーラーでまわりから整えるときれいだね

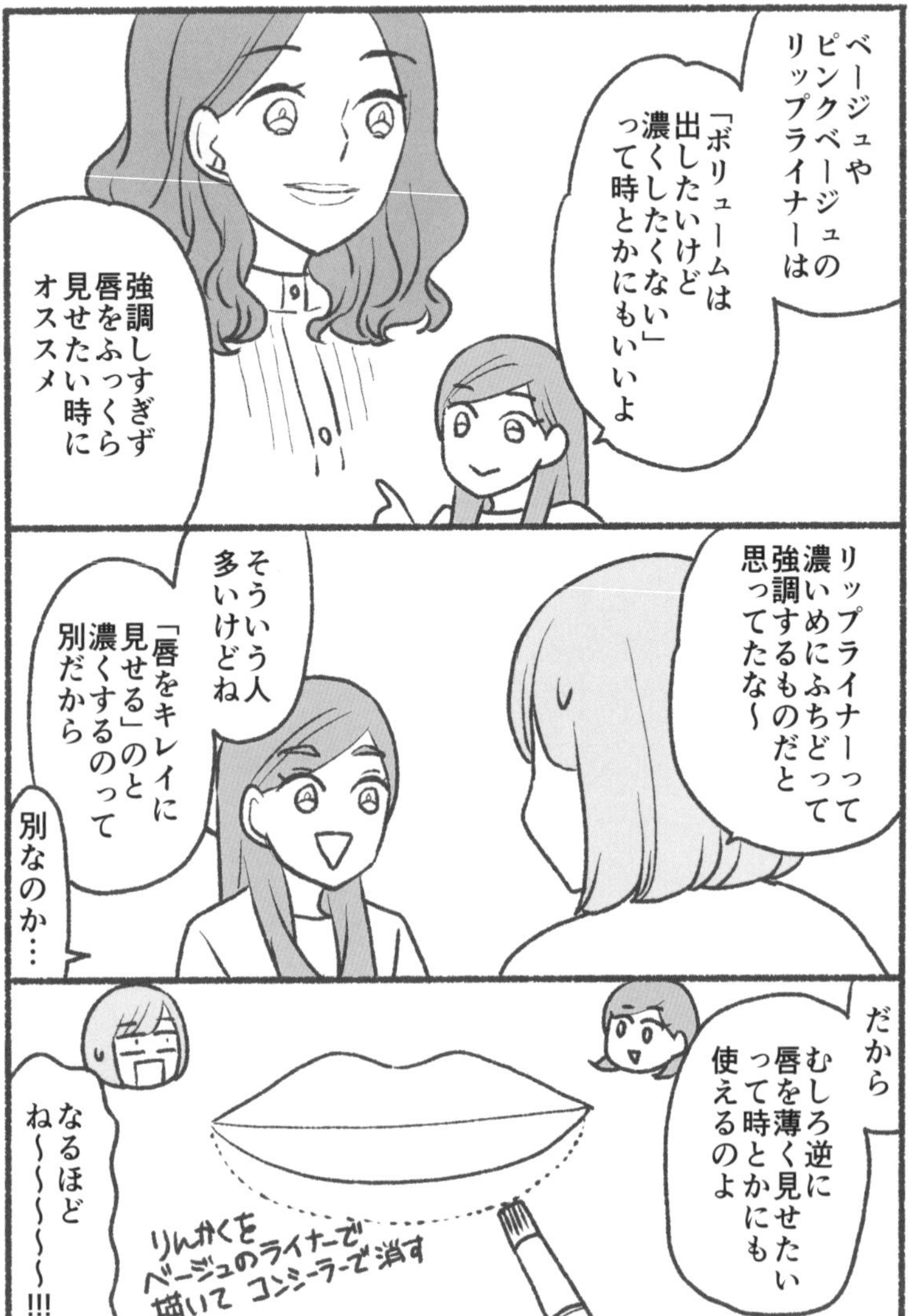
ベージュや
ピンクベージュの
リップライナーは
「ボリュームは
出したいけど
濃くしたくない」
って時とかにもいいよ
強調しすぎず
唇をふっくら
見せたい時に
オススメ
リップライナーって
濃いめにふちどって
強調するものだと
思ってたな〜
そういう人
多いけどね
「唇をキレイに
見せる」のと
濃くするのって
別だから
別なのか…
だから
むしろ逆に
唇を薄く見せたい
って時とかにも
使えるのよ
なるほど
ね〜〜〜〜!!!
りんかくを
ベージュのライナーで
描いて コンシーラーで消す

でも
これって…
口のまわりに
コンシーラー
使ったり
リップライナーとかも
なんか飲み食いしたら
落ちちゃわない？
そら
そうだ
まあ丸一日とか
持たせるのは
ちょっと根気いるね
なので
パンダは
完成度を
あげたい時とかに
使ってるよ！
グロスを塗るだけの
日よりもグッと
きちんと感も出るし
オススメ
そう聞くと
やってみたい…
オマケ
パンダさんの
完成度を
あげたい日
推しの出る
舞台の日

「唇がぼんやり」「唇が厚い」「唇が薄い」は全部リップライナーで解決する

「唇がぼんやりしてきた」

「もともと唇が厚い」

「唇が薄くてボリュームがない」

など、口の周りのお悩みは、マスクをとるようになってから特に増えたのではないでしょうか。


唇の形は、メイクでいかようにでも変えることができます。そのための道具が、リップライナーです。リップライナーの目的は唇を美しい形、色に整えることです（リップライナー＝唇の枠をとるもの、ではないのです）。

美しい形に整える時、**最初のステップでやるべきは「ノイズの除去」**です。ここで

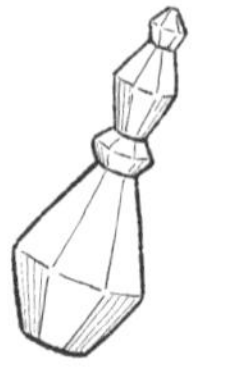

いうノイズとは、唇のにじみや口角の周りのくすみなど。下地やファンデーション、コンシーラーを駆使して、これらを消していきます。この段階が終わって初めて、唇の理想の形をリップライナーで描いていくことができます。

さらに、「リップライナーで唇全部を塗りつぶす」というテクニックもあります。ベージュ系のリップライナーで塗りつぶすと、「唇はもともとこの形でした」という雰囲気になり、おすすめ。さらに、唇の色味が均一になるとフォーマルに見えるので、きちんと見せたい時にも使えます。

RMK　イレジスティブル
スケッチリップライナー 02 モーヴ
特に唇全体を、リップライナーで塗りつぶす時に最適。柔らかくて、広い面積も塗りやすいです。24ページでも紹介。

REVLON　スーパー ラストラス
リップスティック
リップライナーと合わせるのにおすすめのリップ。なめらかな質感で、なじませやすいです。

b idol　1moreペンシルR
くすみカラーが中心でなじみやすい色味。にじみにくいです。

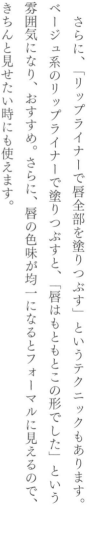

「○○歳だから」でアイテムを選ばない

BAパンダ

パンダはお店で、10代から70・80代までいろんな世代の方とお会いしています。カウンセリングする時は「年齢」では分けません。「一人ひとり」に合ったメイク、スキンケアの解決策が必ずあります。

ある日の吉川さん

パンダさんと打ち合わせ中
急に歴史に思いを馳せ始める
吉川さん

Chapter

5

まだ、スキンケアがなんとなく不安

クレンジングを「丁寧にする」コツ①

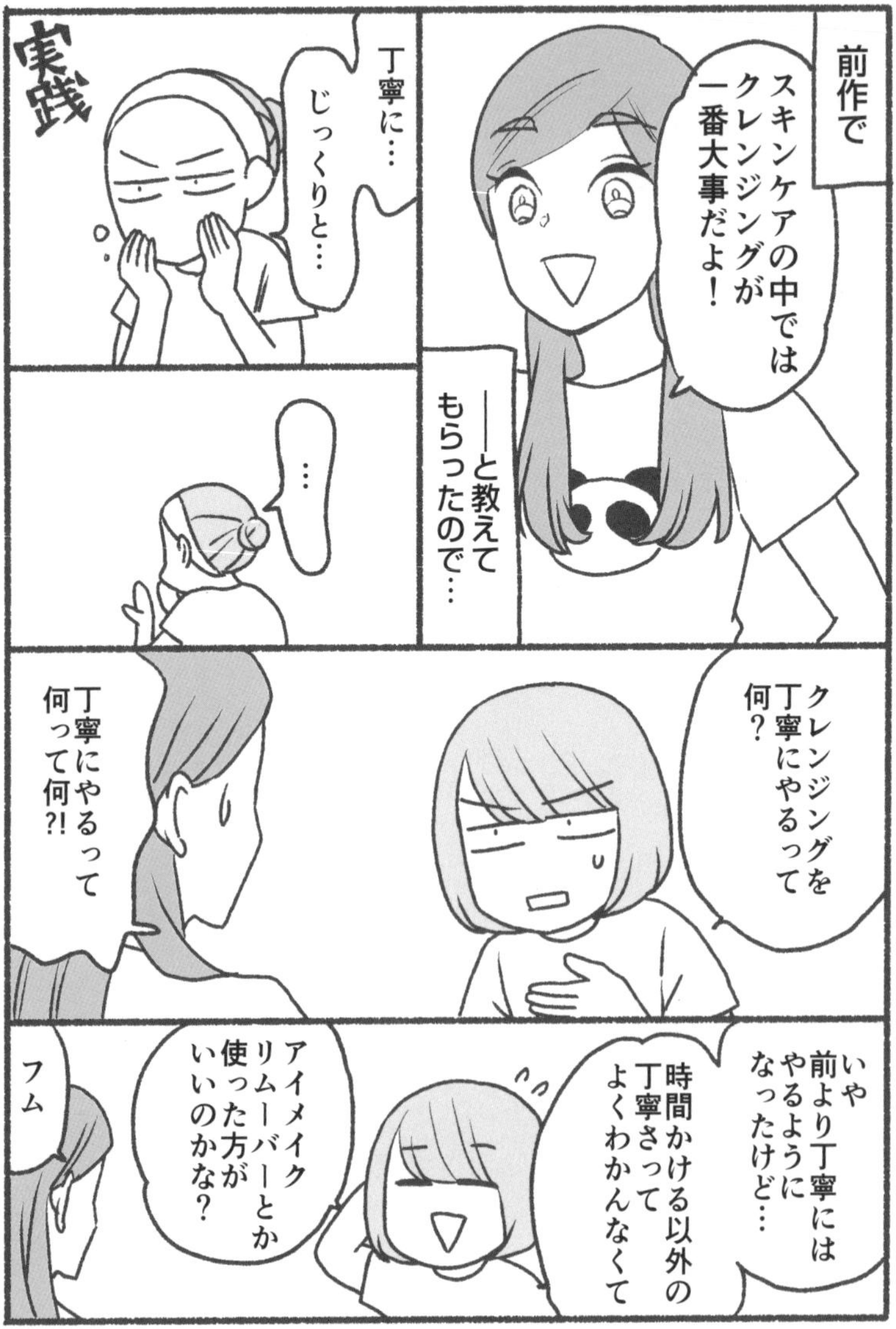

逆になんでアイメイクリムーバーを使おうと思ったのじゃ？
えっ…いや丁寧にって話だったから…
ウム
なんかこうプラスできることはないのかと…
藻態ミ
フムフム
アイメイクリムーバーってアイメイクをしっかり落とすものだから洗浄力がすごく強いんじゃ
EYE
リムーバーで顔全体は洗わなかろう
そう考えるとがっつりアイメイクしてる日なら必要かもだけど薄めの毎日メイクなら必ずしもいらないのではないか？
た確かに…

そこで最初の質問の答えなんだけど
えっ
「丁寧なクレンジング」っていうのは
「その時のメイクをきちんと落とせるクレンジング」のことだよ！
ウロコ
もちろん時間をかけて丁寧にやるのは大切なんだけど…
やみくもにアイテムを増やしたりなんとなくで長々と塗らなくてもいいの
いつまでやれば…？
「毎日いつでも同じやり方のクレンジング」ってのがよくないかな
そうなんですね…

しっかりファンデやアイメイクとマスカラをしてる日は
リムーバーやたっぷりのクレンジング剤で丁寧に
全体的に軽いメイクの時は落としすぎると乾燥の原因になることも
でもどのくらいが「ちゃんと落ちてる」かわかりにくいなあ
まあ落としすぎの乾燥は保湿でもリカバーできるけど
「落としてる方が調子いい」って人は落としきれてないことが多いかな
あっそうか落とせてればトラブルにはならないんだ
その時の自分に合ったクレンジングかあ
考えたこともなかった…
丁寧にできるようになってきたからこその次のステップだよ！
考えられるようになると肌が変わってくるよ～

「クレンジング後肌がつっぱるのは、ちゃんと落とせた証！」これは、残念ながら誤解です

「丁寧にメイクを落としましょう」

よく言われるセリフですね。「丁寧に＝時間をかける」は残念ながら正解とはいえません。では時間以外に何で丁寧さを測ればよいのでしょうか。

この疑問に答えるためには、そもそも「クレンジングは何のためにやっているのか？」さらに言うと「クレンジング後、肌がどうなっているのが理想の状態なのか？」を考える必要があります。

結論を先に書くと**「しっかり落ちているけれど、つっぱらない」**が、クレンジング後の理想の状態です。

「少しつっぱっているのは、ちゃんと落とせた証！」……これは残念ながら誤解で、お肌にうるおいが足りていない状態になってしまっているかもしれません。クレンジング剤が、合っていない可能性も高いです。

スキンケアにおいては、明確に「落とすべきもの」と「残すべきもの」が決まっています。落とすべきはメイク品、メイク品と混ざった皮脂や汗、付着したホコリなど。残すべきは肌のうるおいです。もちろん肌質によって「乾燥肌だから、〝残す〟を重視した方がいい」など濃淡はありますが、何を落として何を残すかは、万人共通です。

この本質を忘れなければ、あらゆる場面で何をすべきかが見えてきます。

たとえば、クレンジングで「水を使うかお湯を使うか」疑問が出た時。油汚れを落とすためには、冷たい水はよくないというのは多くの人が感じますよね（ミートソースのベッタリついたお皿を洗う時のイメージですね）。一方で、熱いお湯だと今度は必要な皮脂やうるおいも取り除いてしまいます。

クレンジング剤のタイプや使用方法を正しく選び、きちんとメイクを落として肌の潤いをキープしましょう。

クレンジングを「丁寧にする」コツ②

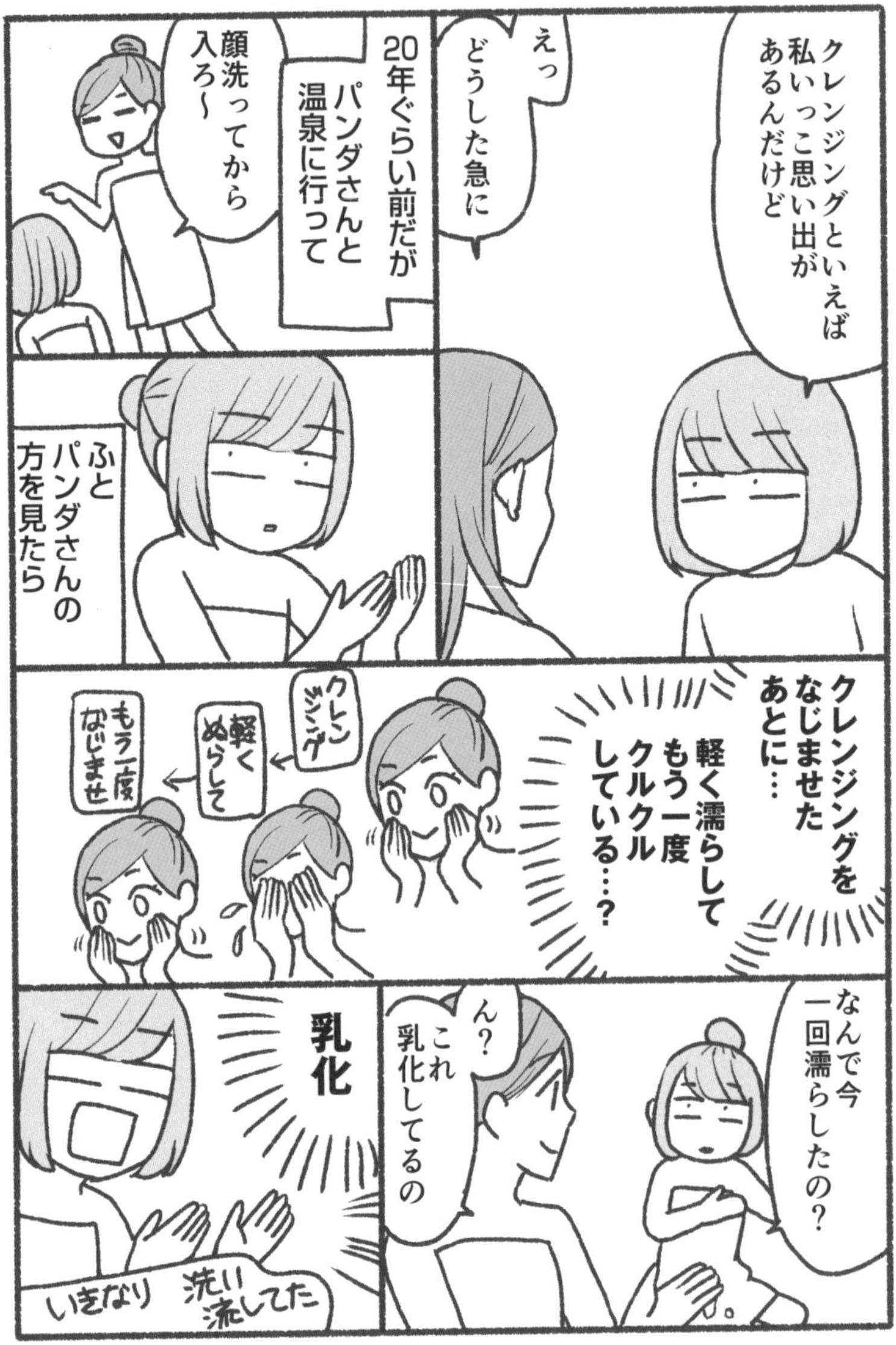

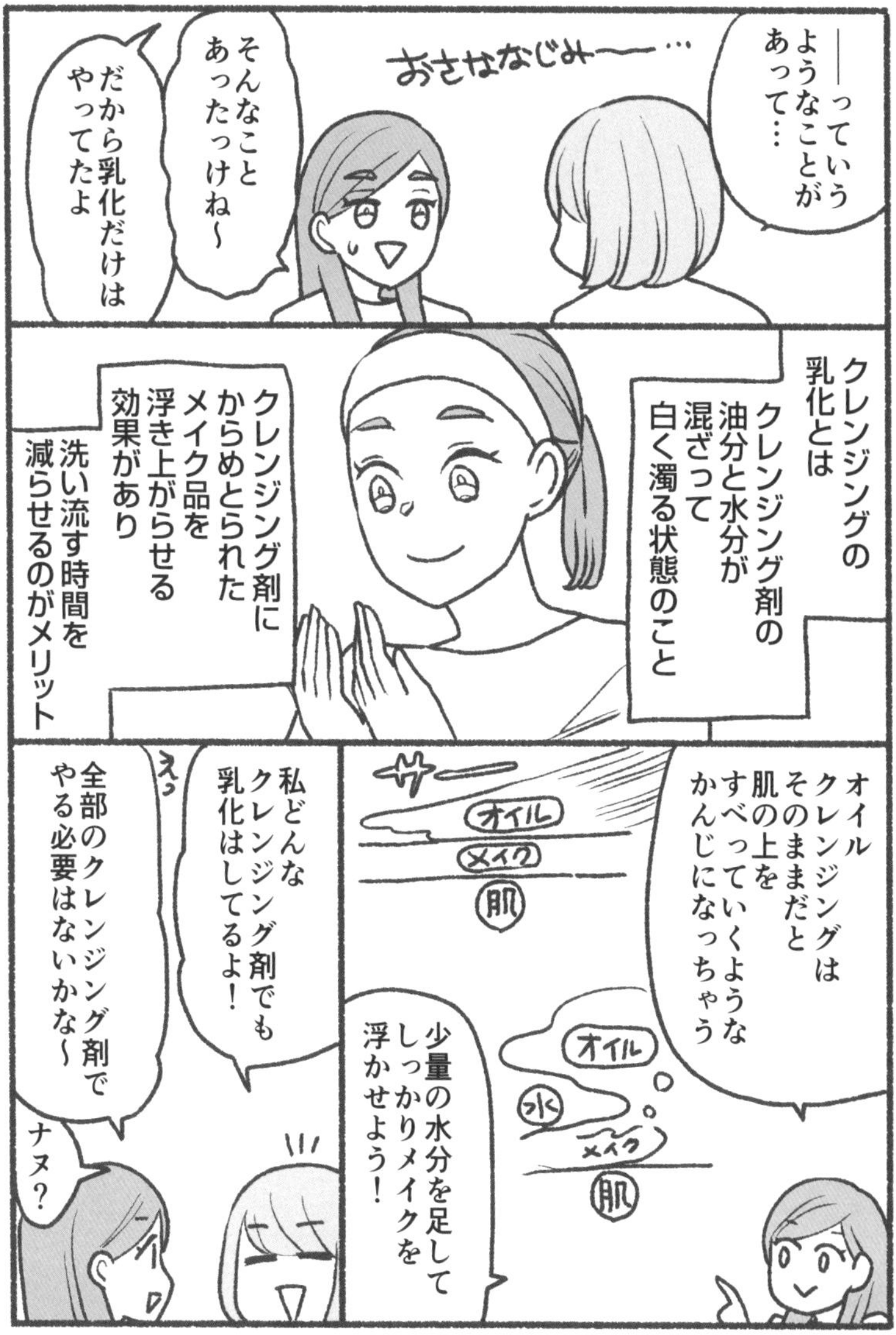
――っていうようなことがあって…
おさななじみ～～…
そんなことあったっけね～
だから乳化だけはやってたよ
クレンジングの乳化とはクレンジング剤の油分と水分が混ざって白く濁る状態のこと
クレンジング剤にからめとられたメイク品を浮き上がらせる効果があり
洗い流す時間を減らせるのがメリット
オイルクレンジングはそのままだと肌の上をすべっていくようなかんじになっちゃう
サー
オイル
メイク
肌
オイル
水
メイク
肌
少量の水分を足してしっかりメイクを浮かせよう！
私どんなクレンジング剤でも乳化はしてるよ！
えっ
全部のクレンジング剤でやる必要はないかな～
ナヌ？

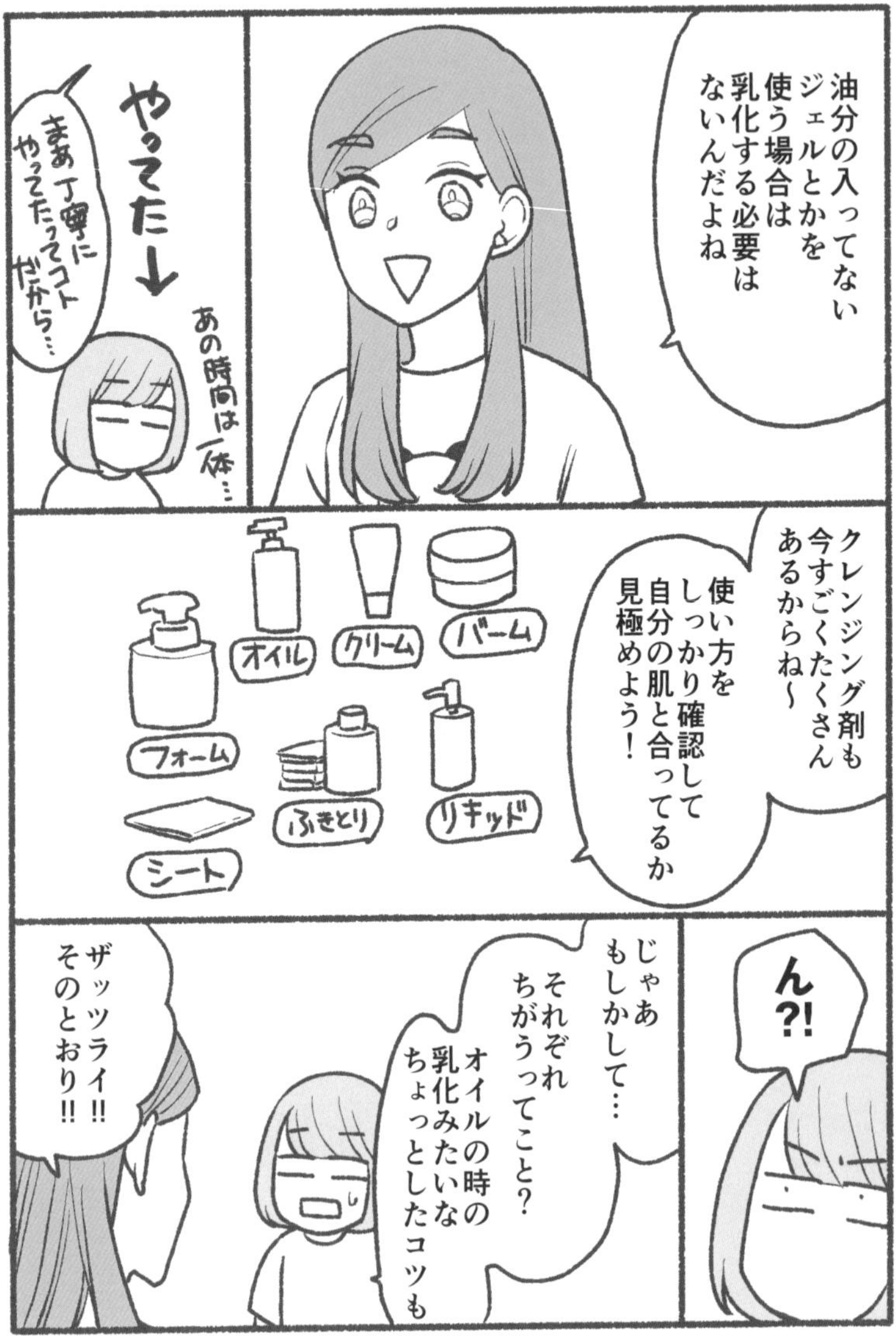
油分の入ってないジェルとかを使う場合は乳化する必要はないんだよね
やってた↓
まあ丁寧にやってたってコトだから…
あの時間は一体…
クレンジング剤も今すごくたくさんあるからね～
使い方をしっかり確認して自分の肌と合ってるか見極めよう！
オイル
クリーム
バーム
フォーム
ふきとり
リキッド
シート
ん?!
じゃあもしかして…
それぞれちがうってこと?
オイルの時の乳化みたいなちょっとしたコツも
ザッツライ!!そのとおり!!

Chapter 5
まだ、スキンケアがなんとなく不安

「なんとなくメイクを落とす」をやめて4つの工程に分解してみる

「メイクを落とす」の中身を分解すると、実は4つの工程に分かれています。

工程1　メイク品とクレンジング剤を混ぜる
工程2　メイク品を皮膚から浮き上がらせる
工程3　クレンジング剤と水を混ぜる
工程4　メイク品を抱え込んだクレンジング剤を洗い流す

工場のマニュアルみたいになってしまいましたが、この4工程を適切に行うことが、イコール丁寧なクレンジングをする、ということです。なぜわざわざ分解して考える必要があるかというと、**クレンジング剤の説明書に書いてある「注意事項」を、解像度高く意識するため**です。

たとえば「工程1　メイク品とクレンジング剤を混ぜる」の段階では、「手や顔が濡れていてもOKか」を、「工程3　クレンジング剤と水（ぬるま湯）を混ぜる」の段階では、「乳化が必要か」を見ることになります。「工程4　メイク品を抱え込んだクレンジング剤を洗い流す」では、「ダブル洗顔が必要か」などを確認します。

どれも当たり前のことですが、なんとなくやっていると、こうしたチェック項目が漏れてしまっていることがあるかもしれません。クレンジング剤は、商品によりかなり使い方が違います。ぜひ説明書通りに使って、最大の効果を得られるようにしましょう。

魔女工場
ピュア クレンジング オイル
乳化が素早く、時短かつ、さっぱり落としたい時におすすめ。香りも爽やかです。

愛用 CLINIQUE
テイク ザ デイ オフ クレンジング バーム
バームなので肌への負担が最小限。前作でも紹介したスキンケアの定番品です。

シートパック、正しい使い方のコツ

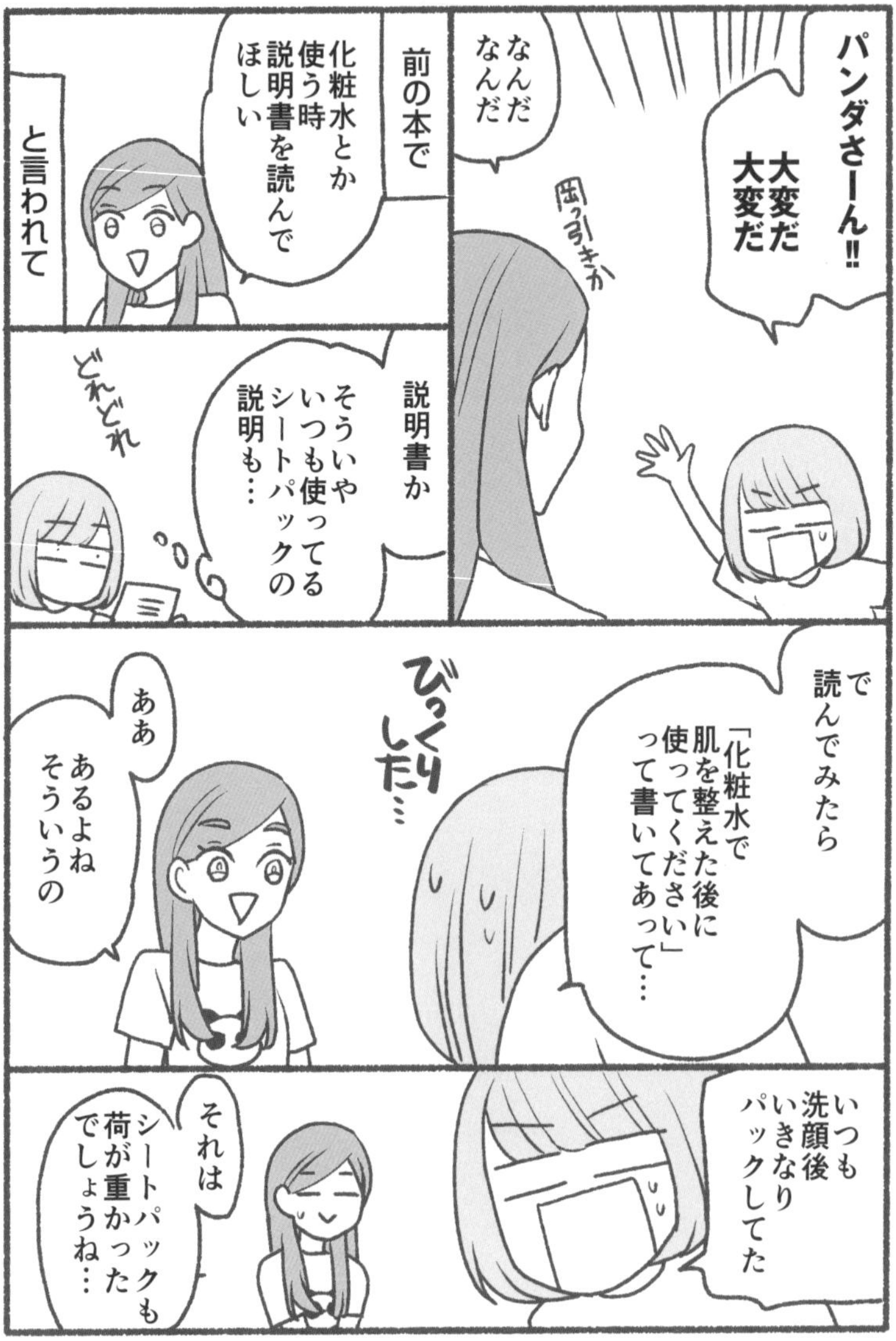
パンダさーん!!
大変だ
大変だ
岡っ引きか
なんだ
なんだ
前の本で
化粧水とか使う時説明書を読んでほしい
と言われて
説明書か
そういやいつも使ってるシートパックの説明も…
どれどれ
で読んでみたら
「化粧水で肌を整えた後に使ってください」って書いてあって…
びっくりした…
ああ
あるよねそういうの
いつも洗顔後いきなりパックしてた
それは
シートパックも荷が重かったでしょうね…

シートパックって
化粧水のタイプとか
美容液タイプとかも
あるからね
えっ。。。
どれも
「すごい化粧水」
みたいな役割だと
思ってた!!!
うーん
そういう人
多いんだけどね～
ちがうね～
じゃあ
このシートパックも
「パックだけだと
化粧水の役割に
足りないから
先につけてね」
ってイミじゃ
ないんだ
ちがうね～～

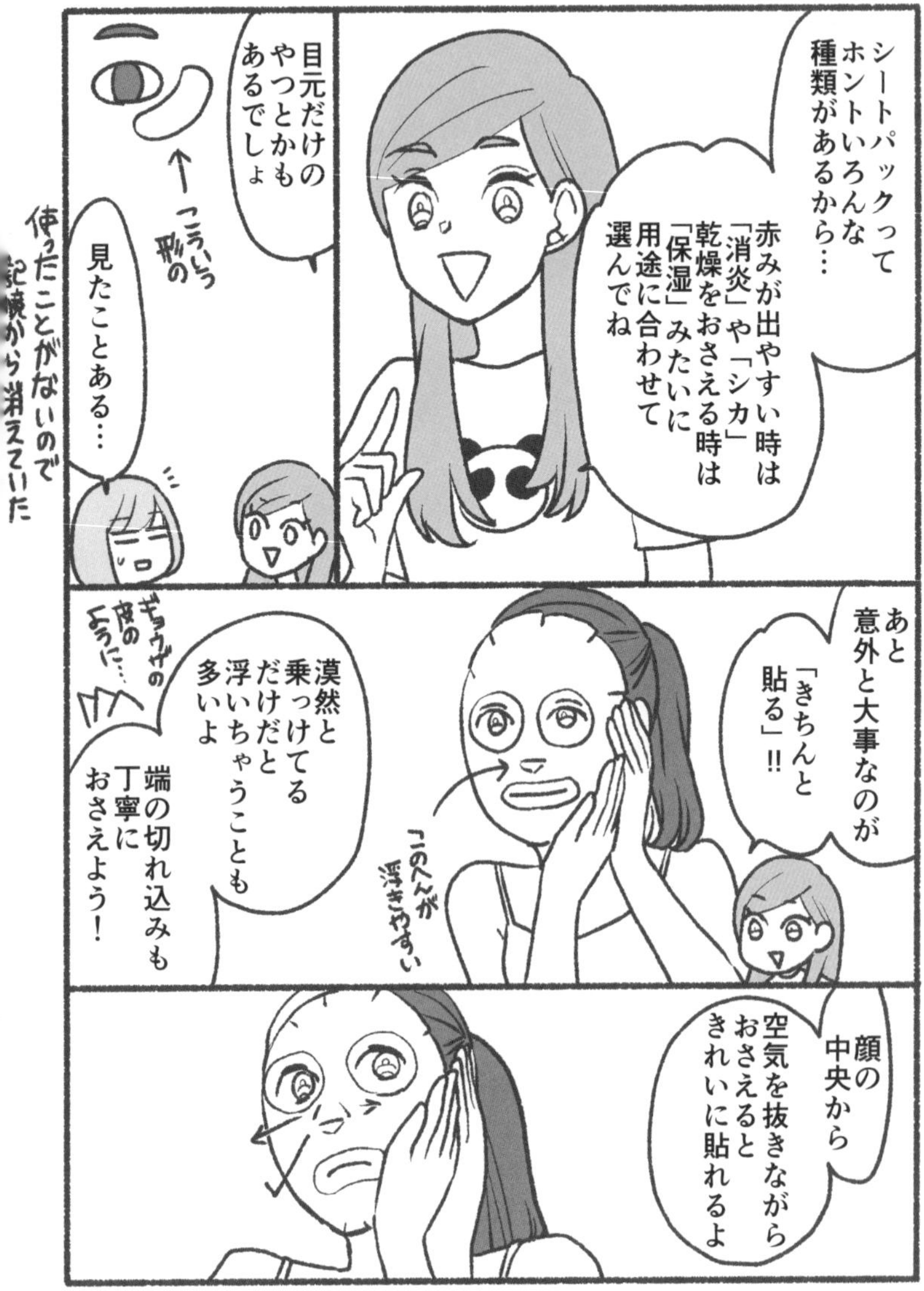
シートパックってホントいろんな種類があるから…
赤みが出やすい時は「消炎」や「シカ」乾燥をおさえる時は「保湿」みたいに用途に合わせて選んでね
目元だけのやつとかもあるでしょ
こういう形の
見たことある…
使ったことがないので記憶から消えていた
あと意外と大事なのが「きちんと貼る」!!
このへんが浮きやすい
漠然と乗っけてるだけだと浮いちゃうことも多いよ
ギョウザの皮のように…
端の切れ込みも丁寧におさえよう!
顔の中央から空気を抜きながらおさえるときれいに貼れるよ

実践
教わったとおりに貼るぞ!
ていねいに…
ピタァ
(当社比)
20分って書いてあるけど40分置いちゃお〜
せっかくだから…
ハイちょっと待ったー!!!
シートパックは推奨時間より長く置くのはNG!
せっかく肌に乗った潤いが逆にシート側に戻っちゃうことも…
決められたとおりの時間にはがして
手でギュッと液をおしこもう
あと袋の中とかに余った液は
ヒジやヒザに!!
あますことなく…

シートパックは日々の「予習」「復習」。一夜漬けでは効果が少ない

パックはつけるだけで、その瞬間にお肌にうるおいがチャージされて満足感が高いアイテムです。いつものお手入れに気軽にプラスできるので、肌の調子を上げたい時、うっかり日焼けした時、推しに会う時……などなど、気分や用途によって使い分けることができます。

ちょっと耳が痛いことかもしれませんが、今の私たちのお肌は、今までのお手入れの通信簿です。その**成績を保つための「予習」「復習」がシートパックです。スキンケアも勉強と同じ**で、日々の努力を怠って一夜漬けの勉強だけをしても、本番に十分な成果は発揮できません。

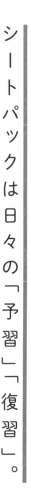

・予習：明日は紫外線が強い時間帯に長時間いるから、しっかり保湿して肌の水分量を上げておこう
・復習：今日は紫外線を浴びたから、炎症を抑える成分と美白成分をしっかりチャージしておこう

このように、日々のお手入れをしつつ、そこに「＋α」としてシートパックを投入するのがおすすめ。そのためにもシートパックの目的、つける順番、放置する時間を必ず確認してください。

MEDIHEAL　THE ティーツリー
AP マスク JEX
日常用のシートマスク。パンダは疲れている時や「肌荒れしそう」という時に使っています。

FEMMUE
ドリームグロウマスク PF
日常使いよりワンランク上のシートマスク。スキンケアを丁寧にして、肌を「底上げ」をしたい時に使います。

クレ・ド・ポー ボーテ
ソワンマスクエクラS
「絶対に一番いい状態でいたい」時におすすめのシートマスクです。パンダの場合は推しに会う前の晩に使います。

朝洗顔のコツ

この本の
編集担当
Tさん
朝って
洗顔した方が
いいんですかね
えっ…
いや
テレビで
「朝洗顔は
乾燥の元」とか
やってて…
私乾燥すごいので…
あっ
でも確かに
「朝はお湯だけで
洗う」とか
聞いたことある！
ですよね
洗顔つっても
軽くで
いいのかも
ですね～
寝てるだけで
汚れてない
だろうし
ね～
…2人とも
ちょっと
そこ座んなさい
あっ
神様だ
ちょっと
言っておきたい
ことがあります

朝洗顔をしなくていいのは朝洗顔をしなくていい人だけです!!
バーン
朝洗顔をしなくていい?!
――ってどういう人ですか?
朝洗顔で落としたい汚れってね
寝てるあいだに分泌された汗や皮脂
代謝で押し出された角質とかなの
寝てるだけで汗もかくし代謝はしている
ええ…じゃあしなくては…

工程を減らすのは「マイナス美容」って言って
実際それで調子がよくなる人もいることはいるのよ
皮脂が極端に少ないとか
洗顔料がキツすぎたとかで
ただそれが万人に通じるかっていうと別の話
「その人にとってはよかった」って部分だけを見るのはよくないね
見てた↓
ちなみに
パンダが朝洗顔するのは不要な角質や皮脂がお湯や水では落としきれないのと…
その後のメイクをきれいに仕上げたいから！
メイク?!
洗顔はスキンケアでは…？
朝洗顔はメイクしやすい土台作りの第一歩なので
メイクの一部って考えてもいいぐらいなんですよ
びっくり2回目

乾燥しやすい時期は
保湿効果の高いもの
テカリが出やすい時は
皮脂吸着成分が
入っているものなど
季節や体調で
アイテムを替えて
よい土台作りが
できるとGOOD
私が
朝洗顔すると
乾燥するのは
年中同じ
洗顔料
使ってるから
ですかね?!
他の
アイテムの
可能性も
ありますが…
乾燥が原因で
洗顔やめるぐらいなら
見直してみても
いいかもです
私は朝寝坊して
バタバタするから
洗顔めんどい派
なんだけど…
ス…
自分に合った
洗顔料を選んで
みよう!!
いっぱい出てるから…
↑泡で出てくるポンプタイプ

美容部員は日によって使う洗顔料を替えている

毎日洗顔をしっかりした方がいいとわかっていても、多くの時間を割けるとは限りません。そんな時は、自分は頑張らずに「アイテムに頑張ってもらう」のはどうでしょうか。

美容部員はフォームタイプ、ポンプ式、ジェル、スクラブタイプなど、いろんなタイプの洗顔料を全部持っている人が多いです。

美容部員の肌がきれいなのは、誰も知らない秘密の「神アイテム」をこっそり使っているからではありません。**たくさんのスキンケア商品を持っていて、「今の自分」「今の状況」に合わせて使うアイテムを常に替え続けている**からなのです。季節や体調によって肌の状態は移ろいやすく、「その時の自分」に合わせた洗顔料等のスキンケア商品を選んでいます。

たとえば

・朝忙しくて洗顔を短時間にしたい：ポンプ式やジェルタイプ
・肌がざらざらする：スクラブタイプや酵素洗顔
・乾燥やツッパリ感が出やすい：保湿効果が高いもの
・皮脂が多くしっかり取りたい：皮脂吸着しやすいものが入っているもの

私たちの顔はひとつです。1回の洗顔で複数のアイテムを使うわけではないので、2つ用意しても毎月2倍のお金がかかるわけではありません。ぜひ、日によって、目的によって気軽に洗顔料を替えてみてください。

パンナポンパ
AHAモーニングフェイスソープ
泡で出てくるので、時短になります。パンダはBAパンダとは関係ありません（笑）。

ELIXIR
スムースジェルウォッシュ
泡立てずに使えるので、時短になります。洗い上がりはしっとり。

乾燥肌をどうにかしたい時のコツ

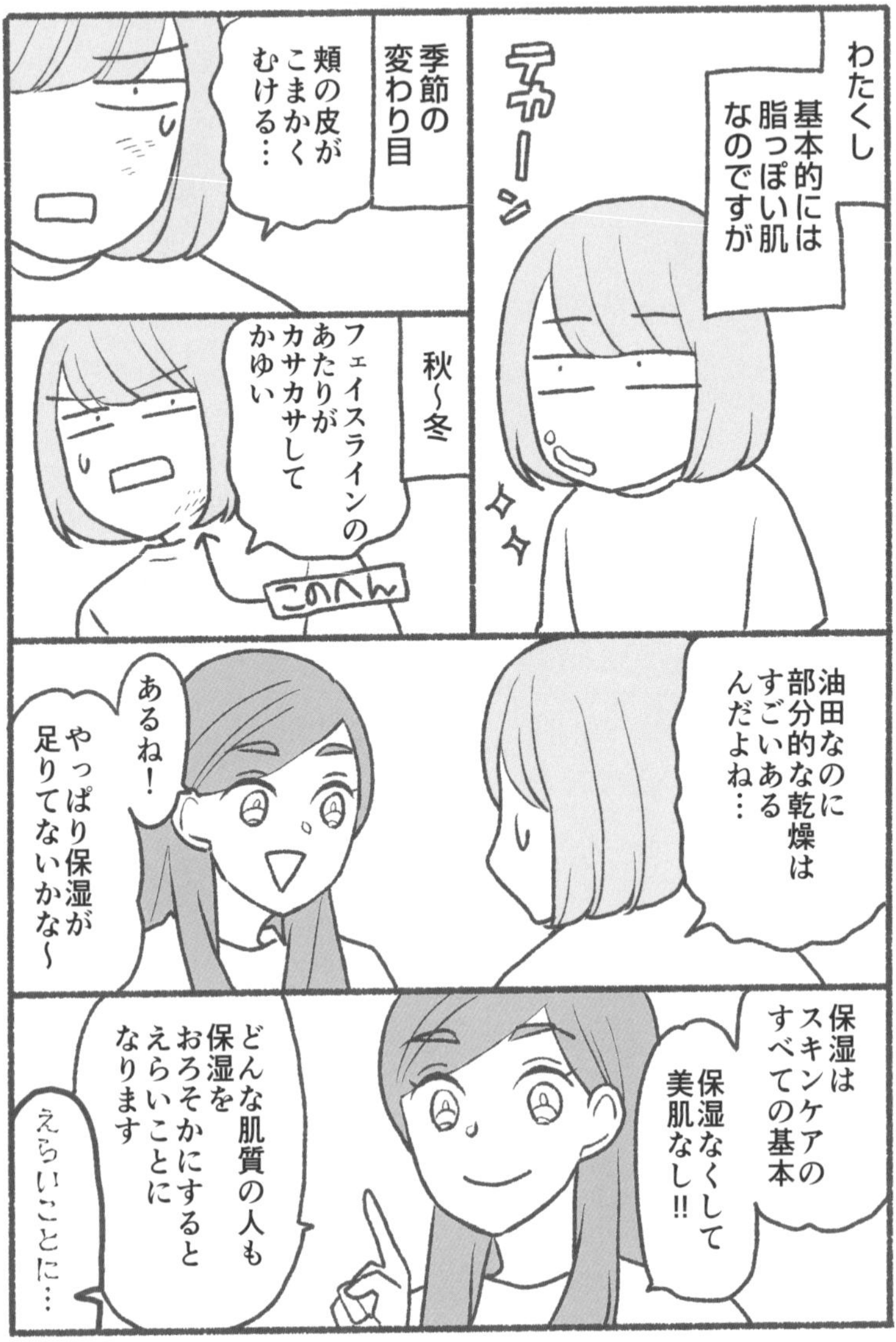

ちなみにその部分的な乾燥ってどう対処してるの？
えっ
こう
保湿クリームをふやしている→
おおん…
保湿って油分を足すってことじゃないよ
えっ
乾燥してきたなって思うと美容液や乳液を増やしたくなるけど…
水
油
肌状態で大切なのは「水分と油分のバランス」!!
アイテムを足すのはそのあとだよ

たとえば
その乾燥が
水分不足から来てる
かもしれないのに
上にクリームを
いくら足しても
改善はしにくい
乾燥してる!
クリーム足したのに
肌
油
水
バランスが崩れて…
油
油
水
さらに崩れる
化粧水より
美容液とか
いいクリームで
なんとかするもん
だと思ってたな〜
乾燥の原因って
ひとつじゃ
ないから
解決法も
ひとつじゃないのよ
いろんな理由で
乾燥するからね…
空気の乾燥
紫外線
洗顔料きつすぎ
スキンケアが合ってない
ヒィ〜〜〜
でも
何が原因かとか
肌状態って
自分で見極めるの
難しくない?
?
美容部員の
いるカウンターで
相談してもらえると
わかりやすいけどね
水分バランスとかも
見られるし
オススメ!

まあ
すぐできることだったら
「どういう時に
乾燥するかな?」
ってよく観察する
ことだね
言われてみれば
洗顔後が
一番カサカサして
つっぱるかも
じゃあ
洗顔料とか
クレンジング剤を
保湿力の高いものに
替えるといいかもよ
とりあえず
「乾燥!!
はいクリームどーん!!」
みたいなのは
やめときましょう…
クリームどーん…
オマケ
パンダさんの
乾燥肌対策
水をいっぱい飲む

きれいな肌になりたければ、
一に保湿、二に保湿、三、四も保湿、五も保湿

仮にAさんとBさんとCさんが「乾燥肌で悩んでいます」という場合、原因は本当に様々です。

湿度の低下、紫外線、摩擦、栄養不足、疲労、ストレス、老化、季節の変わり目、スキンケアアイテムの力不足、ニキビ……などなど。さらに原因が複合的であったり、時期により変動することもあります。

原因が千差万別だったとしてもこれらの問題を全部まとめて解決する施策はたったひとつ――それは、「保湿」です。

人の体の半分以上は水分でできています。**保湿を怠ったまま美白をしても、エイジングケアをやっても、食事を改善したとしても、その効果は限定的**です。ちょっと極

スキンケアの後
顔を触って
保湿が足りてるか
確認するよ!
そういや
パンダさんて
すっぴんの時
よく顔触ってるな

端な例ですが、仮にお肌が乾燥した状態のまま、高級なシワ改善の美容液を塗っても、残念ながら効果は出ないでしょう。

「乾燥肌の人は保湿する、日焼けが気になる人は美白する」ではないのです。あらゆるスキンケアは、保湿というベースがあって初めて成立する。ぜひ、このことを何度でも思い出してください。

「乾燥の原因は何か？」5つの手がかりから探せ

保湿というと化粧水や乳液を思い浮かべますが、**肌に触れるアイテムは全て保湿ケアに結びつけることができます。**

クレンジング剤、洗顔料、化粧水、乳液、美容液、パック、ベースメイク、ポイントメイク、UVアイテム、さらにはタオルまで……保湿アイテムといわれるものは無限にあります。

これらのなかから取り入れるアイテムや方法を選ぶために大事なのは、「自分がどんな時に乾燥しやすいか」を見極めること。詳細なお悩みはカウンターの美容部員にご相談いただけたらうれしいですが、それ以前の段階としては、次の5つに当てはまっていないかを考えてみてください。いずれも、アイテムを見直したり買い直したりする前の段階で立ち止まることがとても大事です。

①クレンジングした時につっぱる

クレンジング剤が原因？　クレンジングで、必要な油分まで取りすぎている可能性があります。洗浄力だけでは選ばないようにしましょう。

②洗顔をしたらつっぱる

熱いお湯が原因？　36度くらいのぬるま湯で洗ってみます。

③化粧水をつけた瞬間から乾燥する

量が原因？　化粧水を肌になじませた後、もう一度同じ量か半分の量を重ねてみてください。

④スキンケアをしてしばらく経つと乾燥する

乳液の量が原因？　乳液を乾燥してくる箇所に重ね付けしてみます。

⑤メイクすると乾燥する

下地が原因？　まずは下地を保湿系に。それでもダメな場合は下地に合わせてファンデーションも替えてみます。

最高の美容は推しとの予定

ＢＡパンダ

推し関係の予定があれば、日々のスキンケア、ボディケア、ヘアケア全ての工程が丁寧になります。1カ月先の予定があればかなりの美容効果が生まれます。

ある日の吉川さん

ほのぼの…
おかき
チョコ菓子
豆菓子
ダイヤモンド社で
原稿やる時にTさんが
用意してくれたおやつの
子ども会感

Chapter

6

こんな時どうする？

推しに会う日のメイクのコツ

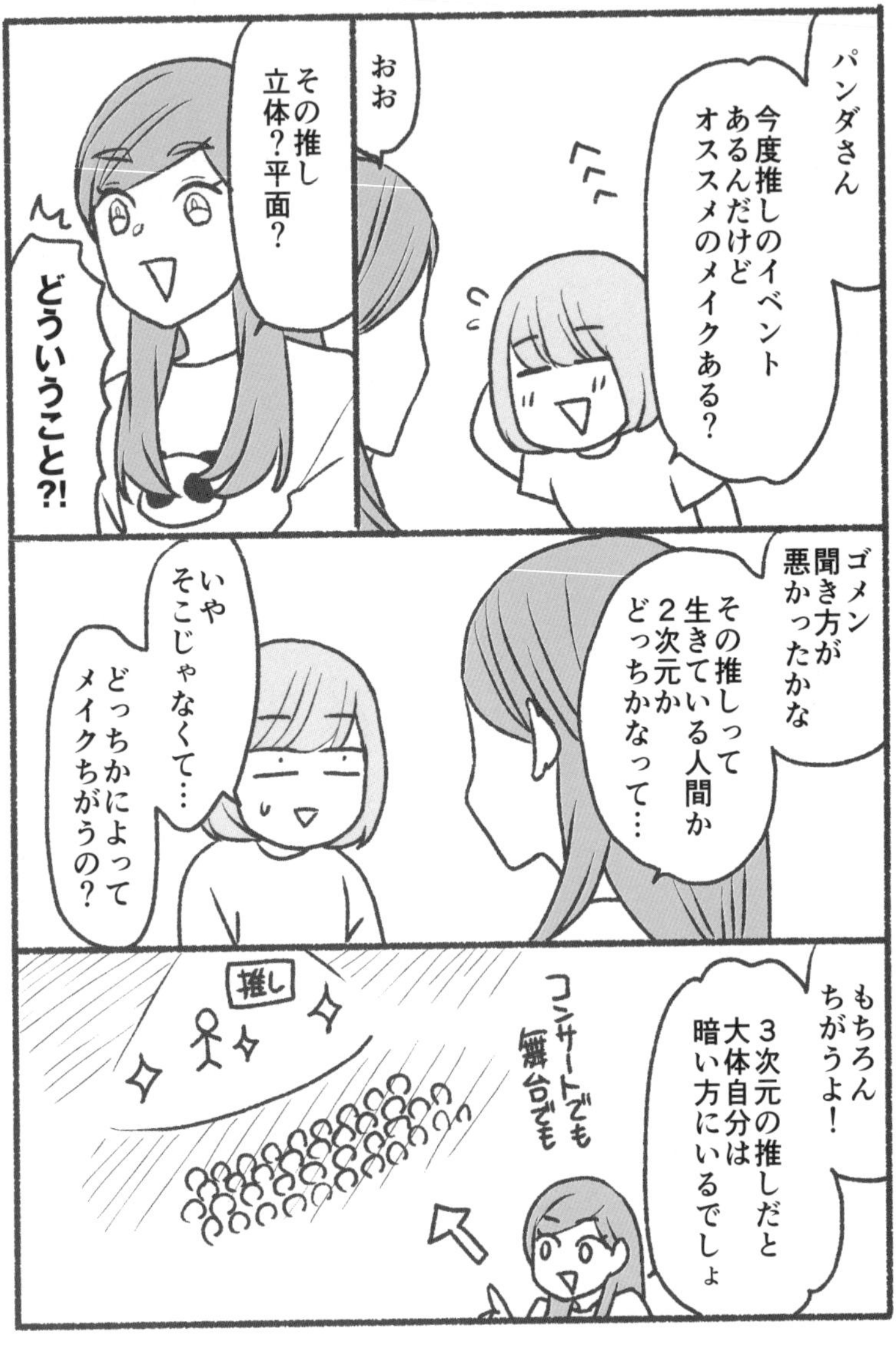

自然光が入らない暗い場所って
ツヤのあるベースメイクってテカリに見えちゃうことがあるんだよね
結婚式とかでもそうなんだけど…
へー!!
なので暗い場所で肌をキレイに見せたい時はハーフマットかマットが基本
きちんと塗ってる感が出るよ
あとね
ラメとかも自分に光が当たらないときれいに見えないのよ
なんかついてんのかな…という感じになる
それよりきっちりまつげを上げて
目力をアップさせるといいね
一瞬でも推しの視界に入るかもしれないと思ったら
気は抜けないよね
これたしかにフォーマルにも使えそうだな！
目力
セミマット
口角はやや上げ
※パンダさん
（気合い入ってる版）

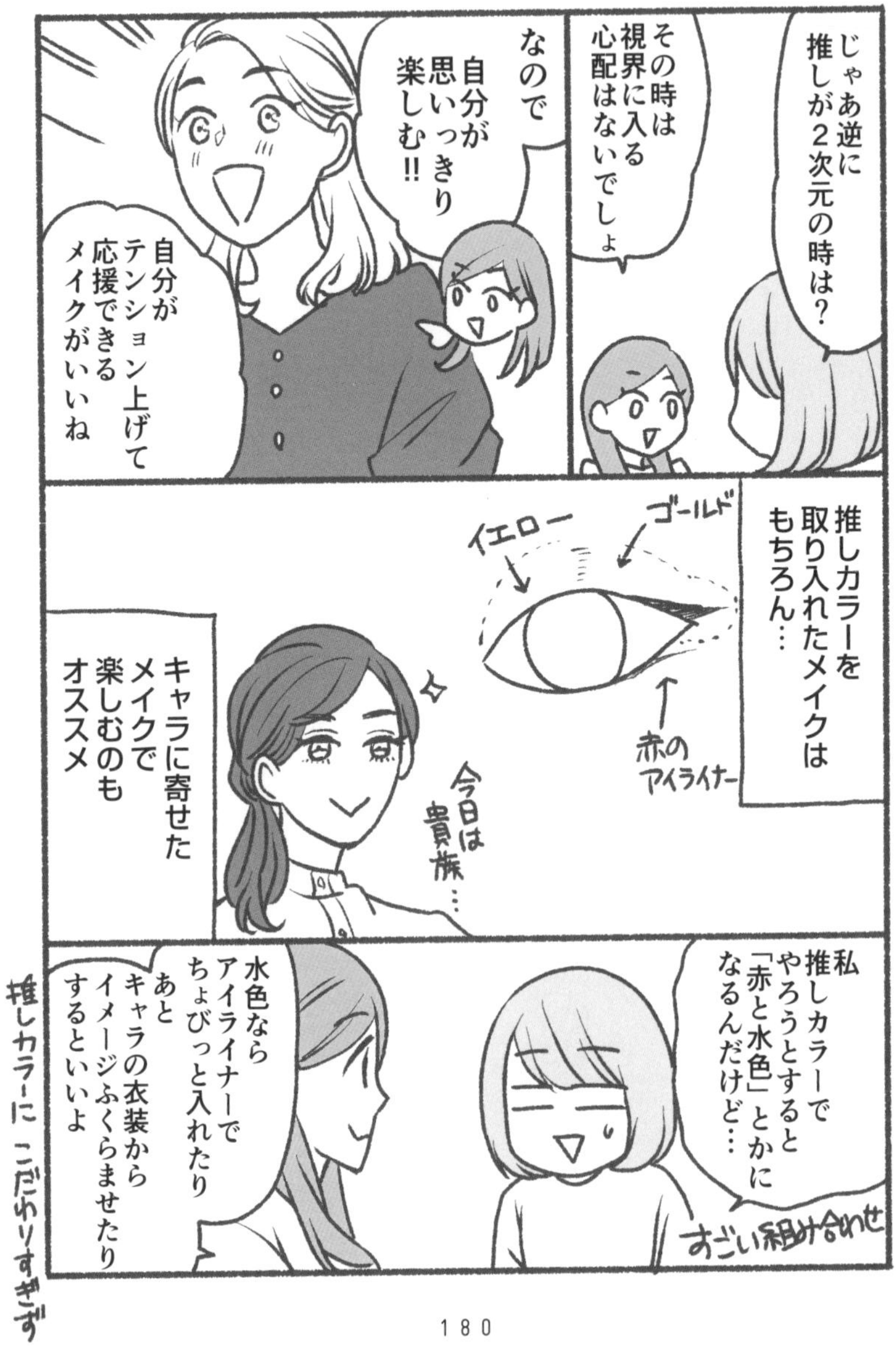
じゃあ逆に推しが2次元の時は？
その時は視界に入る心配はないでしょ
なので自分が思いっきり楽しむ!!
自分がテンション上げて応援できるメイクがいいね
推しカラーを取り入れたメイクはもちろん…
ゴールド
イエロー
赤のアイライナー
キャラに寄せたメイクで楽しむのもオススメ
今日は貴族…
私推しカラーでやろうとすると「赤と水色」とかになるんだけど…
すごい組み合わせ
水色ならアイライナーでちょびっと入れたりあとキャラの衣装からイメージふくらませたりするといいよ
推しカラーにこだわりすぎず

あとはやっぱりトータルで考えてほしいかな
推しカラーの服もあたりまえになってきたけど――
ド赤のクラシックなワンピースにはメイクもしっかり作り込みたいし
推し色パーカーにはカジュアルでヘルシーなメイクが似合うよね
どっちにも言えるのは推しに対して自分がどうありたいかとか
どう見せたいかを考えるトコから楽しんでほしい!
ってコトかな!
考えてみるっっ
ところで考えた結果
ていねいめにメイクしてみた
そこそこきれいめの服
アレッ
保護者…?
まだまだ推しメイクの道のりは遠いんだぜ

三次元の推し活メイクは「相手目線」
二次元の推し活メイクは「自分目線」

推しに会う時！　緊張しますよね。パンダは仕事モードでお客さまとお話ししたり、書籍の取材を受けたりする時は緊張しないのですが、プライベートで推しが出る舞台や映画の舞台挨拶、二次元のマンガの原画展があると朝から吐きそうなほど緊張するタイプのオタクです。

たとえどんなに緊張したとしても、メイクの戦略を立てる時は冷静に。推しが二次元でも三次元でも、

・**メイクをしていく場所**
・**どんな自分に見せたいか**

の2つを意識します。これは、他の場面でメイクをする時も使える原則です。

ちなみにパンダの推しは二次元（マンガ・アニメの中）と三次元（現実世界）両方に存

ちなみに泣いちゃった時は
涙を流しちゃって頬で拭こう
おさえるように
目の下で拭くと
水分でアイメイクが全部とれます
ギャー
あまりにも崩れたら
綿棒にリキッドタイプのコンシーラーを染み込ませて調整しよう
オフしながらヨレを直すかんじ

在します。そのためイベントの日の天気、服、ヘアスタイル、アクセサリー、靴、現場の状況に合わせてメイクの構成を考えます。完全に自己満足ですが、職業柄、納得感のあるメイクにしたいと気合いを入れています。

なお、これだけ完璧にメイクしても、推しを目にした瞬間に大号泣することも多々ありますが……それも推し活の楽しみでもあります。

もし泣いてしまった場合は、涙を流してしまって「頬にハンカチをあてて拭く」こと。目の下をこすらなければ、アイメイクの大崩壊は防げます。

学校に行く日のメイクのコツ

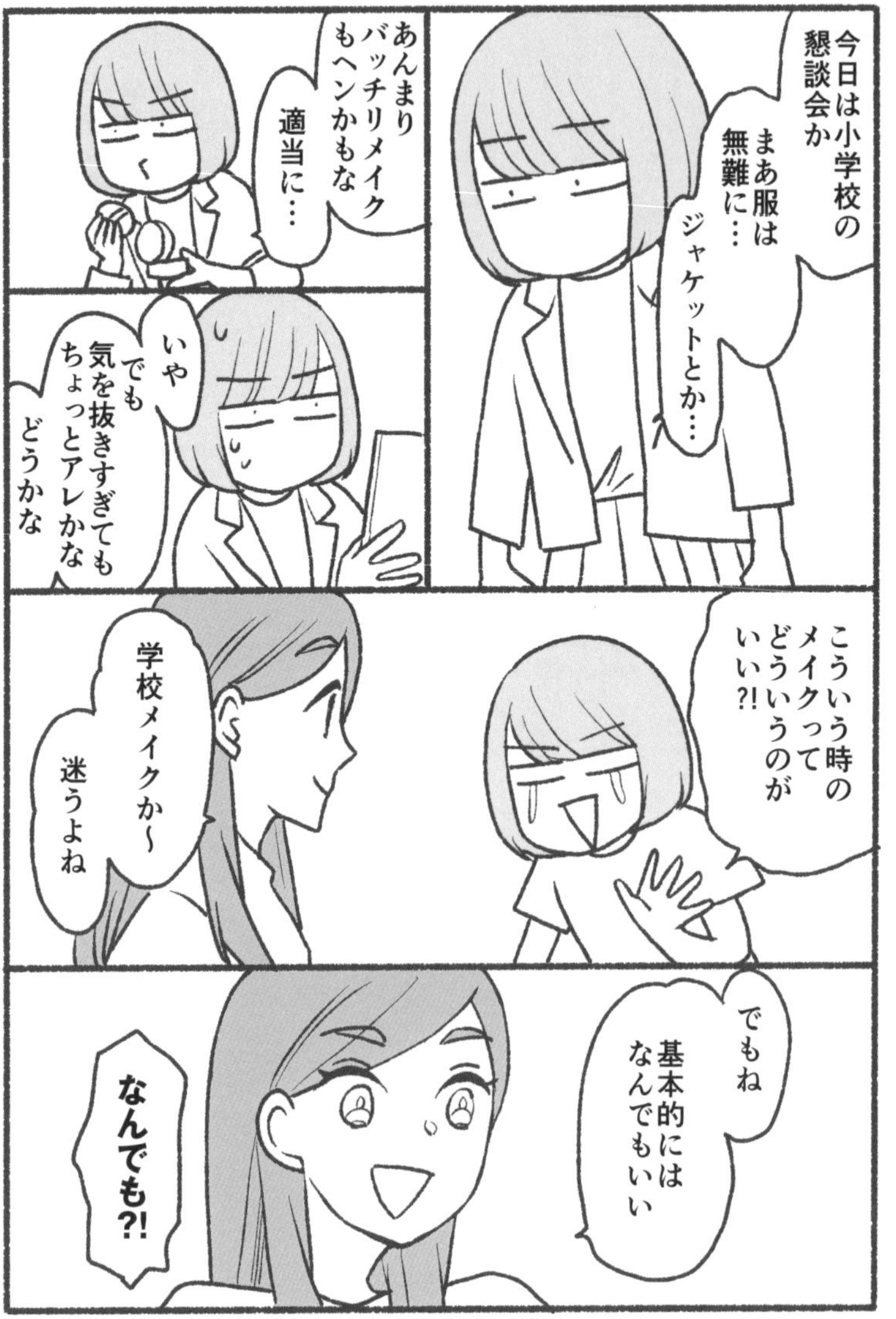

ご家庭によって
普段着で来る人も
セミフォーマルの人も
いろいろでしょ
ノーメイクでも
清潔感があれば
十分
まあ確かに
子どもの話を
しに行くんだしな……
そうそう
難しく考えなくて
いいのよ
ただ
それはそれとして
こういう時
オススメのメイクは
あるよ
やった
こういう
「微妙に公の場だが
気合入れすぎるのもな」
みたいな時は
部分的に
作り込む！
特に
・ベースメイクをゆるめ
・アイメイクを少し
しっかりめの
バランスがオススメ

目尻をきちんと作ると
それだけで
ある程度華やか
直線的なきちんと眉
目元を丁寧に作って目力アップ
この時ベースメイクもマットな質感で仕上げると
ちょっとフォーマルに寄りすぎるので…
それもキレイだけどね
お呼ばれメイクっぽくなる
全部をカバーしすぎないように
薄づきのファンデを軽くのせるとほどよく「ゆるい」メイクになるよ
1カ所だけ気合入れてあとは軽くってかんじか！
そうそう
こうするとバッチリしすぎずかといって全部が薄いのも避けられるよ

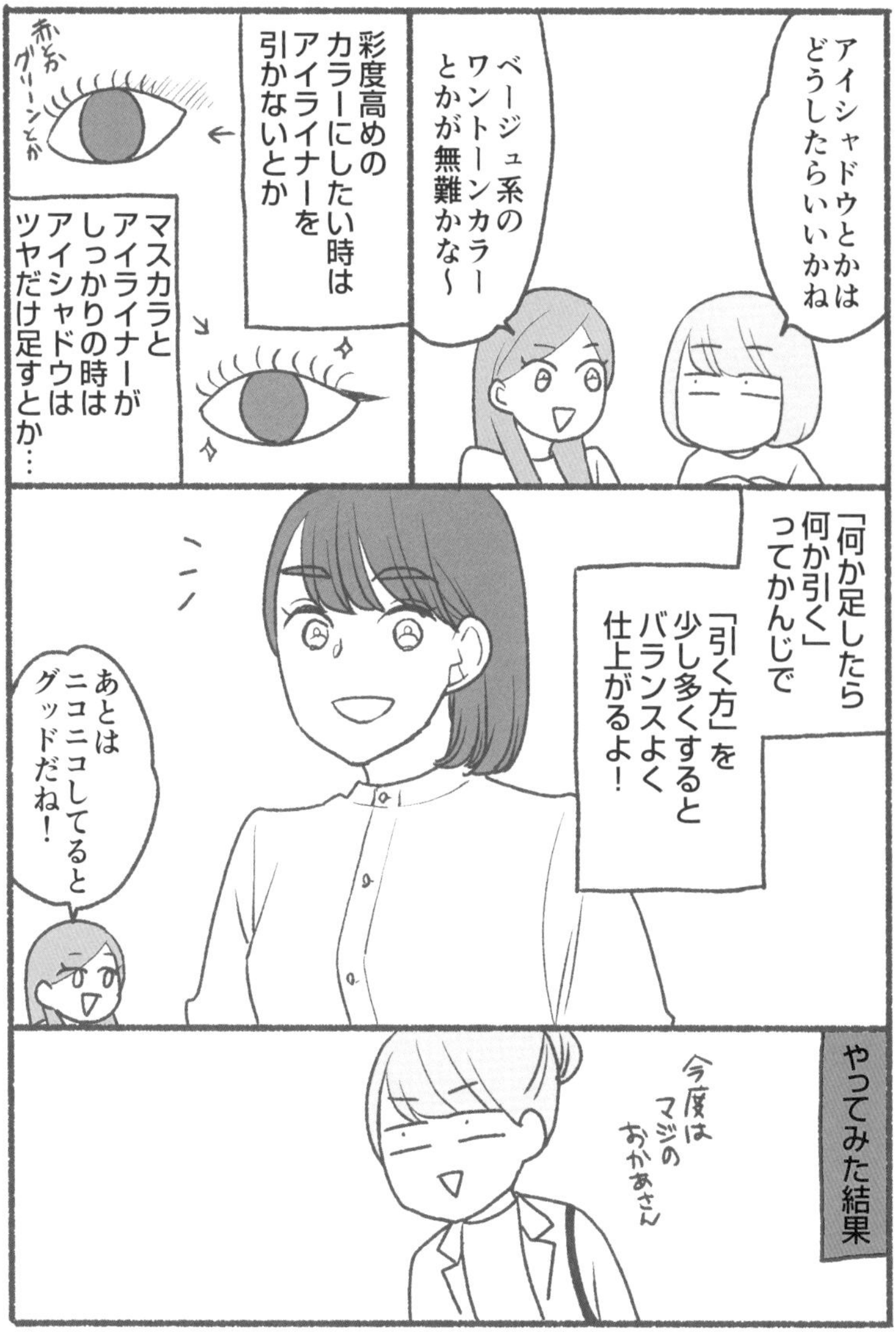

アイシャドウとかはどうしたらいいかね
ベージュ系のワントーンカラーとかが無難かな〜
彩度高めのカラーにしたい時はアイライナーを引かないとか
赤とかグリーンとか
マスカラとアイライナーがしっかりの時はアイシャドウはツヤだけ足すとか…
「何か足したら何か引く」ってかんじで
「引く方」を少し多くするとバランスよく仕上がるよ！
あとはニコニコしてるとグッドだね！
やってみた結果
今度はマジのおかあさん

保護者メイクは「ばっちり3割、ゆるっと7割」

授業参観や保護者会、さらにはベルマークを切りに行ったり、給食の試食をしたり、卒業式の打ち合わせをしたり……お子さんの学校には、何度も足を運ぶ機会がありますよね。あるいは保育園・幼稚園の送迎など、「1回の時間が長いわけではないけど、人に頻繁に会うのですっぴんは微妙」という用事も多いと思います。

学校の人間関係は仕事ではないからこそ、メイクで気合を入れすぎていてもちょっと気恥ずかしいし、フォーマルすぎても場違いになってしまうし、でもあまり地味だと……と、ぐるぐる悩まされることが多いと思います。

そんな「超むずかしい場所」学校でおすすめなのが、「ばっちり3割、ゆるっと7割」のメイクです。この**「ばっちりとゆるっとの組み合わせ」こそが、いわゆるTPO**というものだとパンダは定義しています。

大事なのは、ゆるっとの割合を多めにしつつも、ポイントで「華やかさ」「きちんと感」を忘れないこと。これは、「近所の義理の実家に行く」「会社の飲み会」など、学校以外の少しだけ改まった場でも使える考え方です。

具体的な組み合わせは、次のような感じです。

【ばっちり】マスカラとアイライナーだけはしっかり

【ゆるっと】ベースメイクは作り込まない。ベージュのワントーンアイシャドウ、色つきリップ（コーラルピンク）、リップに合わせた色のチーク

【ばっちり】ローズ系リップで輪郭はきちんと、眉毛は直線的に眉尻はシャープに

【ゆるっと】ベースメイクは作り込まない。アイシャドウはクリームなどでツヤだけ、マスカラだけでアイライナーなし、チークはリップに合わせてローズ系をポンポンといれる（斜めにシャープに入れない）

最後の仕上げは笑顔。にっこり笑ってあいさつすれば完璧です。

はじめての男性美容のコツ

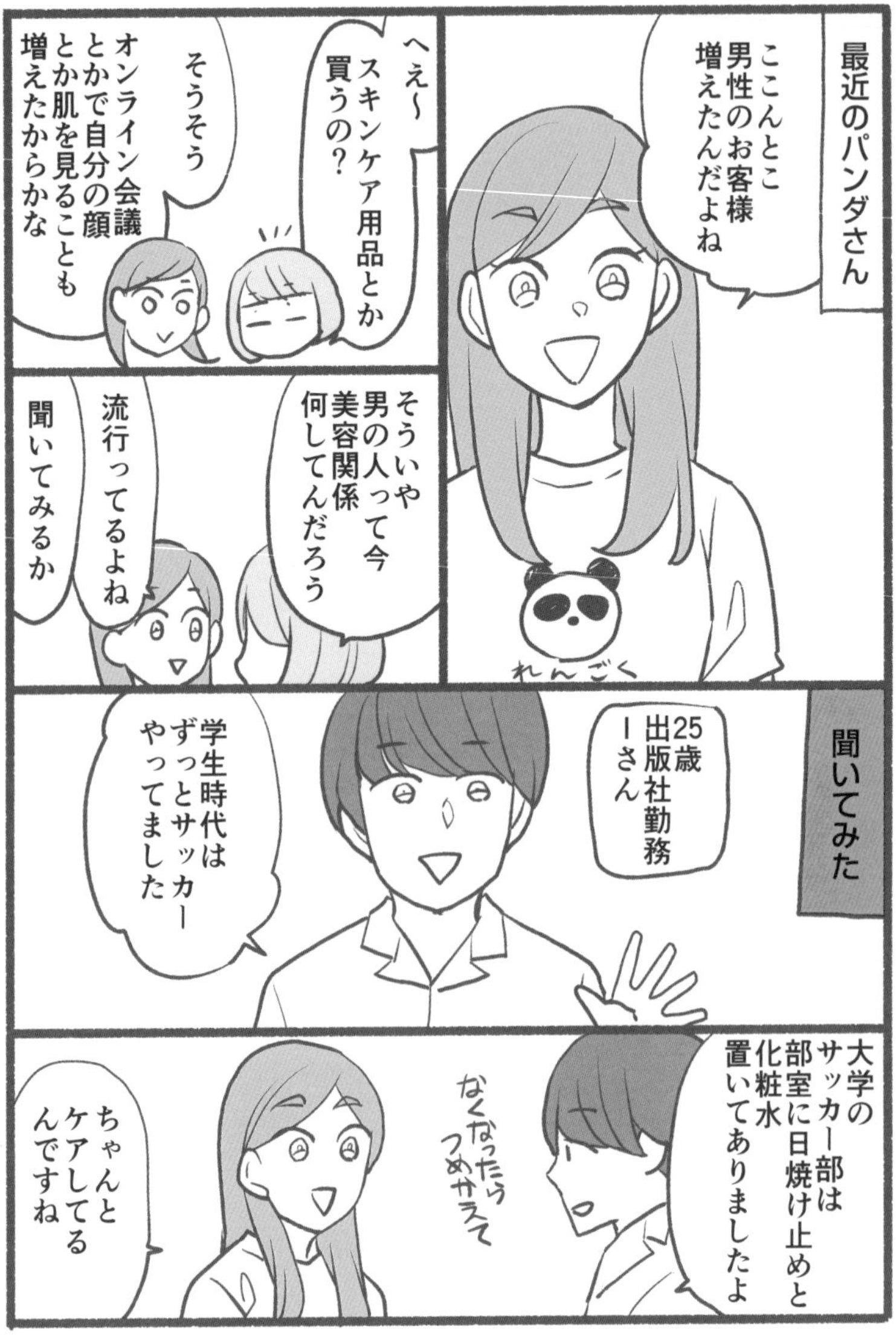
最近のパンダさん
ここんとこ男性のお客様増えたんだよね
れんごく
へえ〜スキンケア用品とか買うの?
そうそう
オンライン会議とかで自分の顔とか肌を見ることも増えたからかな
そういや男の人って今美容関係何してんだろう
流行ってるよね
聞いてみるか
聞いてみた
25歳
出版社勤務
Iさん
学生時代はずっとサッカーやってました
大学のサッカー部は部室に日焼け止めと化粧水置いてありましたよ
なくなったらつめかえて
ちゃんとケアしてるんですね

サッカー選手とかは結構気をつかってる人多いですね
全身脱毛してたりとか
言われてみれば足ツルツルだ!!
僕自身は日常ではこれくらいです
無印良品は服とかのついでに化粧水買えてハードル低い
全部無印
導入化粧水
化粧水
乳液
何を目的にしてます？
目的?!
目的?!
え〜〜〜いや目的…？
とりあえずひととおりやっとこう的な？
私も……
（小声）
吉川さんもかい

つける前に自分の肌状態をよく観察して「どうなりたいからこれをつけるか」を意識してみましょう
鼻のまわりはベタつきがち
目元はパリパリしてることも…
頬はニキビも出るときある
ただ漠然と「やった方がよさそう」って感じで全体につけるよりも
効果を実感しやすくなりますよ
つける量も変わってくる
なるほど…
気をつけます
他にやってることとかあります？
眉のムダ毛を剃ってるくらいですね
眉尻の
整えてみたいけどやりかたもよくわかんないし

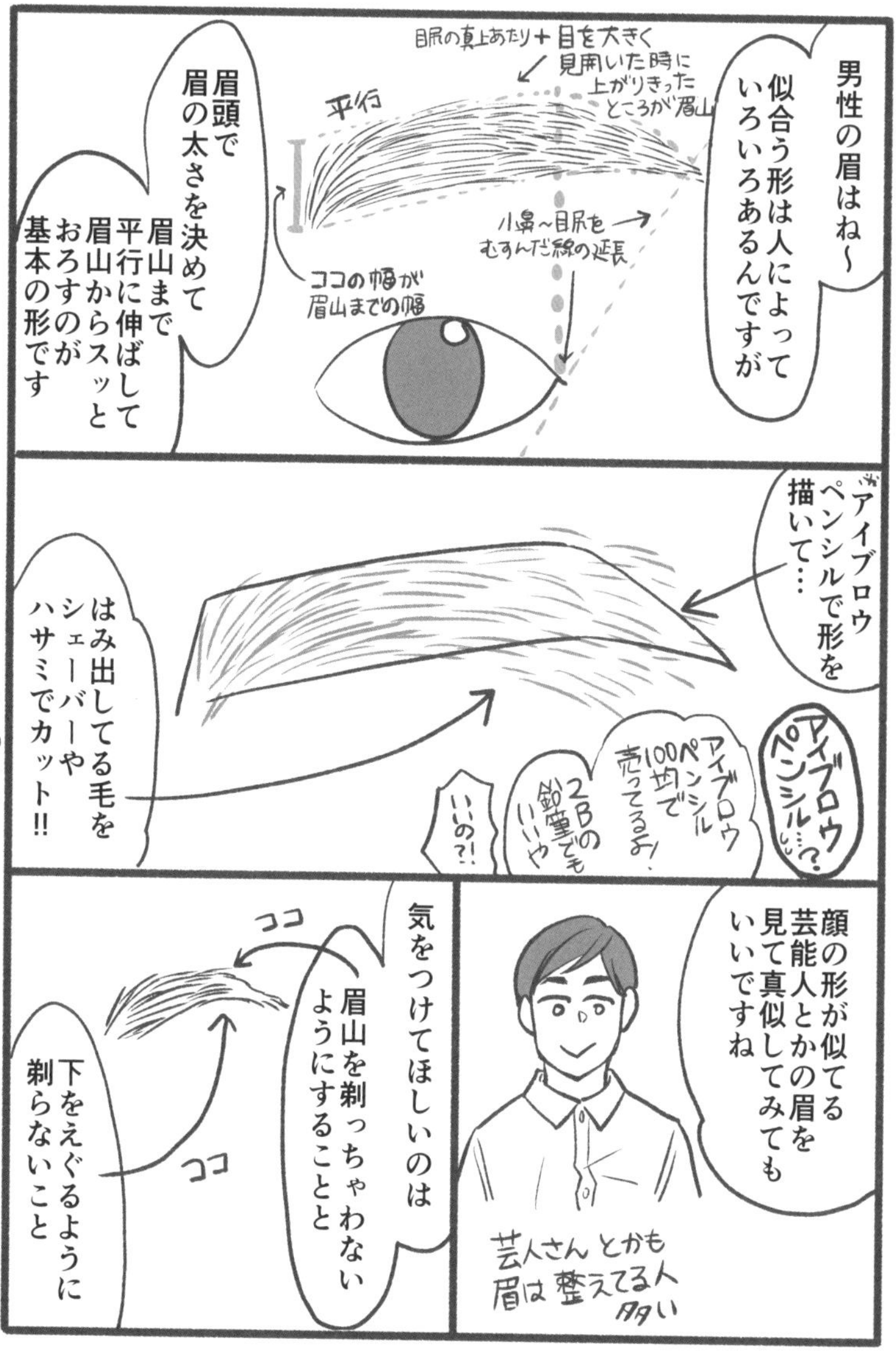
男性の眉はね～
似合う形は人によっていろいろあるんですが
目尻の真上あたり＋目を大きく見開いた時に上がりきったところが眉山
小鼻～目尻をむすんだ線の延長
平行
ココの幅が眉山までの幅
眉頭で眉の太さを決めて眉山まで平行に伸ばして眉山からスッとおろすのが基本の形です
※アイブロウペンシルで形を描いて…
アイブロウペンシル…？
アイブロウペンシル100均で売ってるよ！
2Bの鉛筆でもいいや
いいの？！
はみ出してる毛をシェーバーやハサミでカット!!
顔の形が似てる芸能人とかの眉を見て真似してみてもいいですね
芸人さんとかも眉は整えてる人多い
気をつけてほしいのは
眉山を剃っちゃわないようにすることと
ココ
下をえぐるように剃らないこと
ココ

※眉を描くペンのこと

できそうな気がしてきました
やり慣れてなくて自信がない時は眉カットをしてくれる理容院や眉毛サロンもオススメです
合う形がわかるので
ん?!
ん?
……
ていうか職場の「なんかいい感じ」の先輩とかってみんな眉整えてる気がする!
言われてみれば
あっそれはあるかもしれないですね
眉なんてわざわざそこだけ見ないんだけどちょっとスッキリしてるだけで印象変わるんですよね
どっちも男らしいけどちょっと雰囲気ちがう

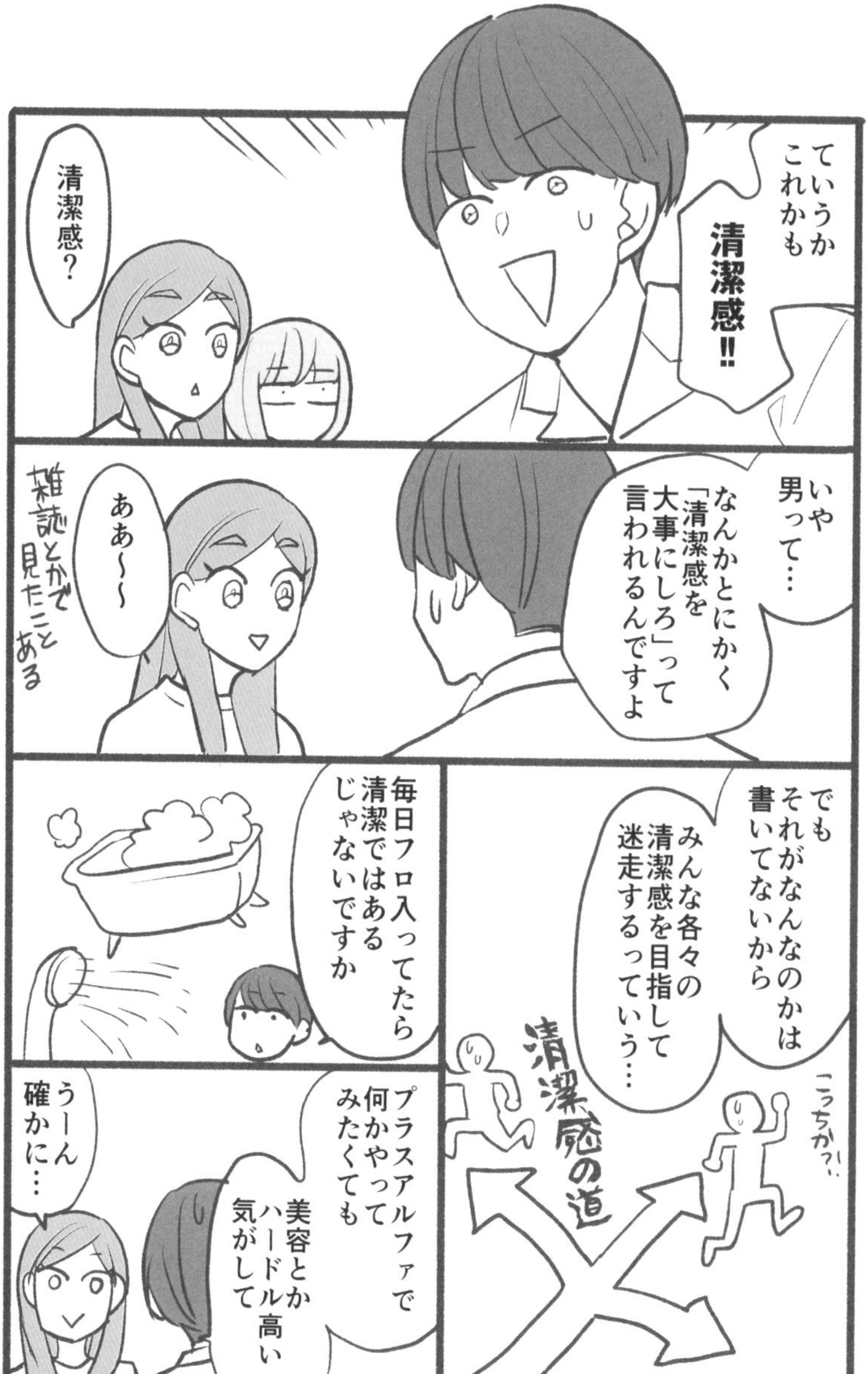

ていうかこれかも
清潔感!!
清潔感？
いや男って…
なんかとにかく「清潔感を大事にしろ」って言われるんですよ
ああ〜〜
雑誌とかで見たことある
でもそれがなんなのかは書いてないから
みんな各々の清潔感を目指して迷走するっていう…
清潔感の道
こっちか?!
毎日フロ入ってたら清潔ではあるじゃないですか
プラスアルファで何かやってみたくても
美容とかハードル高い気がして
うーん確かに…

男性って女性に比べるとメイクでガラッと変わったりしないから
成果が見えづらいんですが…
眉や髪がボサボサしていないとか
肌荒れや色ムラが少ないとか
くちびるがガサガサしてないとか
ひとつひとつのお手入れの積み重ねで「なんかいい感じ」度が上がるんですよね
そういうお手入れの総合力が「清潔感」かもしれないですね
なるほど…
でも何をどのくらいやったらいいのかなあ
ああもうそれは男女共通なんですけど
「自分がちょっとアガる程度」で！
「ちょっとアガる」!!

鏡に映った自分がちょっとイケてて元気出たり
おっ
少し自信もって歩けたり
美容ってそういうツールですから!!
男性にも身近な話だったんだな〜
今は男性用コスメもたくさん出てるし
コンシーラーとか
BBクリーム
まずスキンケアをしてから（ココ大事）試すのもいいかも
いや〜いろいろやってみたくなりました
ヒゲ脱毛とかもやってみたいんですよね
じつは
ヒゲ脱毛オススメですよ!!
毎日カミソリあてるとどうしても肌が傷むので…
でもエステとか化粧品カウンターって緊張しますよ
「コイツもてたいのか」みたいに思われる気がして…
あっそれは私も思う…
美人さんばっかりで…
そっちが思うほどどうとも思ってないですね！
あっ…そうですか?!
気楽にね！

「顔のうぶ毛」と「眉毛」を処理すると いっきに清潔感が出る

私が美容部員になりたての頃、男性のお客さまはほぼ女性へのプレゼントを選びに来る方ばかりでした。それが今、男性が自分のための基礎化粧品を選びにくるのは「当たり前の風景」になってきています。

美容部員の立場から見た男性美容でおすすめのケアは、**優先度順にスキンケア↓UV対策↓リップケア↓顔のうぶ毛と眉毛の処理↓ヒゲのお手入れ**です。無理をして、ハードルが高いメイクアイテムにチャレンジする必要はないと思います。

特に、簡単なのに効果が高い＝コスパがいいのが「顔のうぶ毛と眉毛の処理」です。顔の中のうぶ毛は、肌の色をくすませる要因になります。これをなくすだけでも、肌のトーンが一段あがります。さらに眉毛も、「絶対に必要でない部分の毛」を剃る

だけでもすっきりします。

眉毛をカットする場合は眉毛用コームと眉毛用のハサミを使い、ガイドラインから飛び出た部分だけをカットします。**毛全体を短くしてしまうと毛の流れがなくなり描き加える必要が出てきてしまう**ので、できるだけご自身の毛の流れを残しつつ形を整えてみてください。初めてでも自然に仕上がりやすいです。

ちなみに、自分の「眉毛の正解」を知りたいという方はサロンや理容室で眉毛を整えてもらい、その写真を撮っておくといいと思います。

愛用 スイサイ　ビューティクリア
パウダーウォッシュN
汗をかいたり、毛穴が気になったり、「スッキリ」したい日は酵素洗顔をしてみてください。

貝印　アイブローセット
ガイドラインからはみ出た眉毛をカットするセット。シェーバーは残すべき眉毛もカットしてしまうことがあるので、コームとハサミが基本。

Panasonic
フェリエ フェイス用 ES-WF41
顔のうぶ毛処理用には、シェーバーを使うと便利です。シェーバーに「眉毛セット」がついているものもありますが、それは使わずにハサミとコームを使うのがおすすめです。

メイクが上達するためのコツ

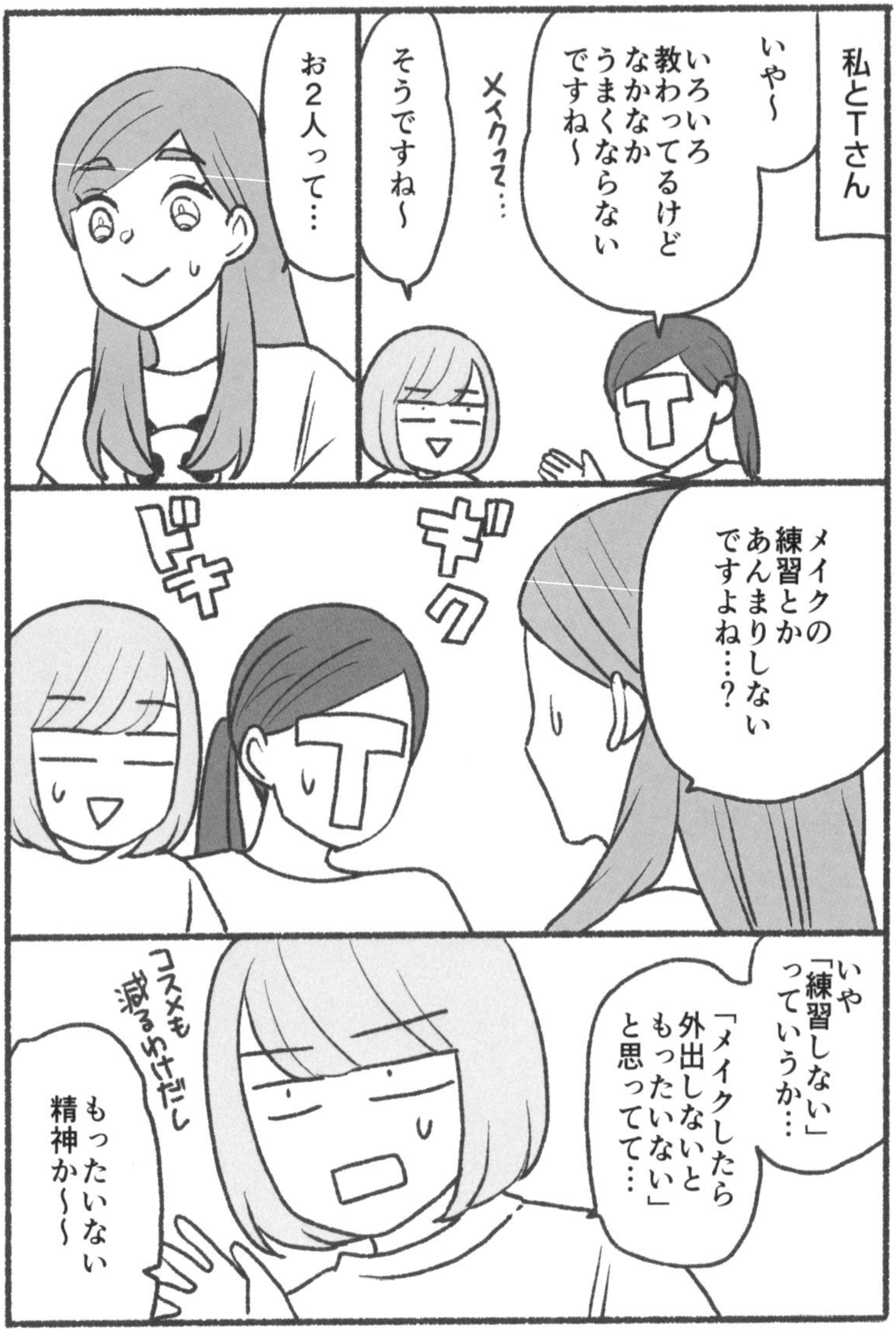

なので
今日は出かけるからメイクするぞ
かがみ
こないだパンダさんが言ってたテクをやってみよう
あれっ…なんか思ってたのとちがうな
まあこのまま行くか…
――ってかんじになりがち
私もここぞという日はちゃんとするってかんじです
う～んそうか…
メイクする必要がある時だけメイクしても上手にはなりにくいね！
ズバリ
わ～
やっぱり

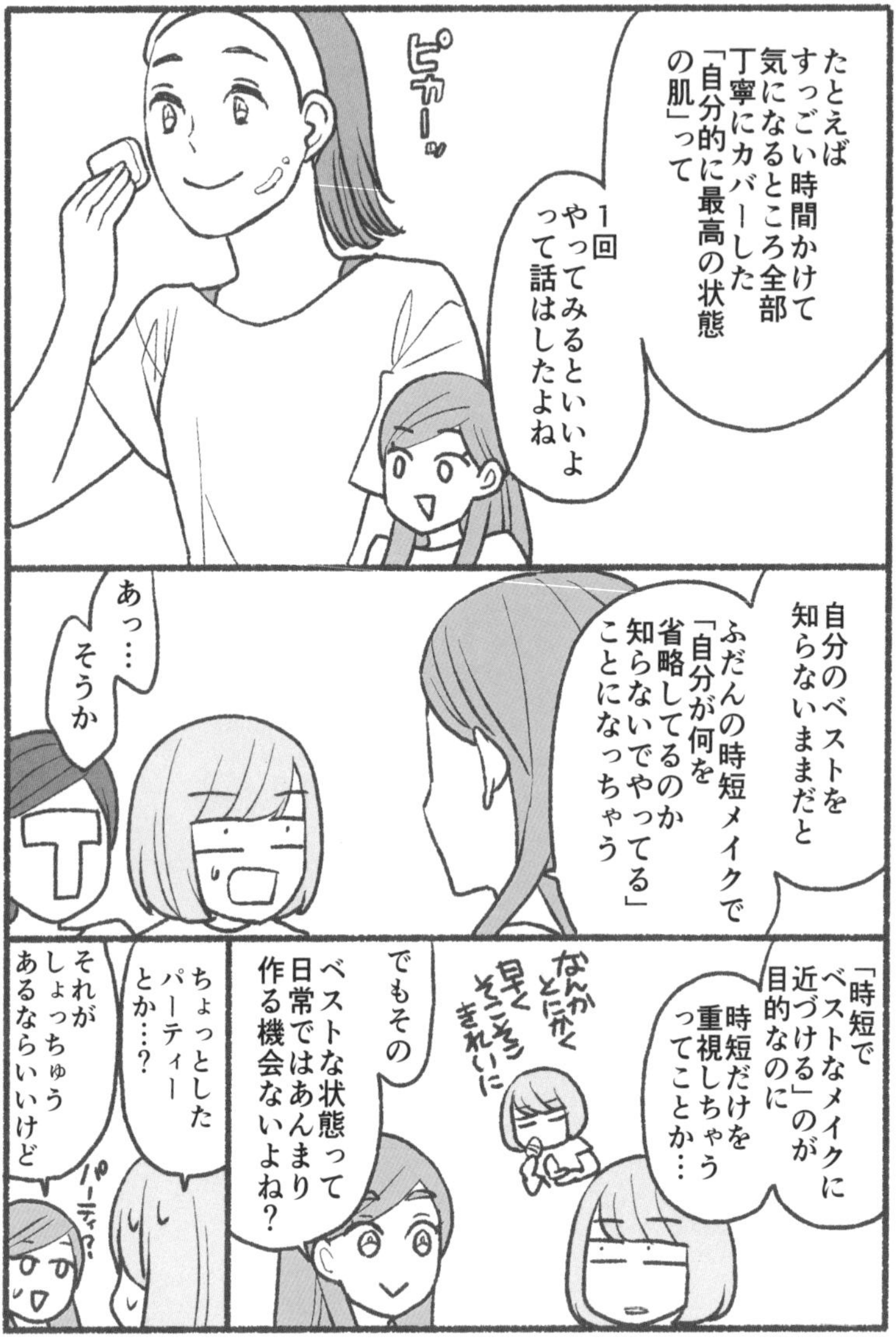
たとえば
すっごい時間かけて
気になるところ全部
丁寧にカバーした
「自分的に最高の状態
の肌」って
ピカーッ
1回
やってみるといいよ
って話はしたよね
自分のベストを
知らないままだと
ふだんの時短メイクで
「自分が何を
省略してるのか
知らないでやってる」
ことになっちゃう
あっ……
そうか
「時短で
ベストなメイクに
近づける」のが
目的なのに
時短だけを
重視しちゃう
ってことか…
なんか
とにかく
早く
そこそこ
きれいに
でもその
ベストな状態って
日常ではあんまり
作る機会ないよね？
ちょっとした
パーティー
とか…？
それが
しょっちゅう
あるならいいけど
パーティ？

あんまり深く考えなくていいので
休日とかに「ちょっとアイメイクやってみよ」とか
1カ所ずつ練習しておくといいよ！
自転車とか楽器とかは練習しないとダメってわかるのに
メイクはぶっつけ本番の人結構多いので…
そう
スキマ時間とかに練習すると
メイクに対する苦手意識も減ってくるし…
バリエーションも増えるしね！
やります…
ちなみに見ててもパンダさんはメイク自体がホント〜〜〜に苦じゃないんだなと思う…
えっもう1回フルでイチからやってくれんの?!
取材中
うん
ちょっと落としてくる〜

メイクは場数。センスや才能が足りなくても上達します

ここまで2冊の本を出してきて今さら告白させていただきますが、ＢＡパンダはメイクのセンスがあるわけではありません。メイクアップアーティストの方のように誰も思いつかないメイク法で作品を生み出すこともできません。

私たち美容部員の役割はメイクのプロである前に、お客さまとメイクアイテムの橋渡しをすることだと思っています。そのために、この本で紹介してきたようなメイクアイテムの特徴を理解している必要があるのです。

パンダの美容部員歴は10年以上、センスはありませんが、今ではある程度の完成度のメイクはできるようになりました。それはなぜか。理由は恐ろしいほど単純で、**膨大な回数のメイクをしているから**なのです。

パンダは年間300回以上のメイクを自分の顔に施しています。そして、仕事でこれまでにのべ1万人以上のお客さまを接客し、ご希望があれば店頭でメイクをしています。こんな生活をしていたら、誰でもメイクが上達することは納得してもらえると思います。

マンガの中のパンダはメイクをするのが楽しそうですが、現実のパンダは、毎日楽しくメイクをしているわけではありません。接客業ですから、睡眠時間が2時間でも、二日酔いでも、推しが結婚しても必ずフルメイクでネイルをきれいに塗ってヘアセットをして出勤しなければいけません。パンダのメイクのテクニックは、圧倒的な練習量の成果だったのです。

でも、逆にいえばこれはポジティブなことです。メイクはセンスや才能がなくても、練習量で完成度を十分カバーできます。前作で、「ビューラーは自転車」と書きましたが「メイクは逆上がり」かもしれません。

何度も鉄棒を握って練習をして手の平に血豆ができるころ、パッと思い通りの顔が鏡に映るはずです。

メイクは逆上がり

BAパンダ

何度もやれば、どんどんうまくなります。

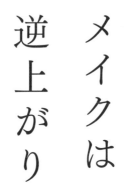

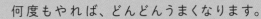

セミナーの時のパンダさん

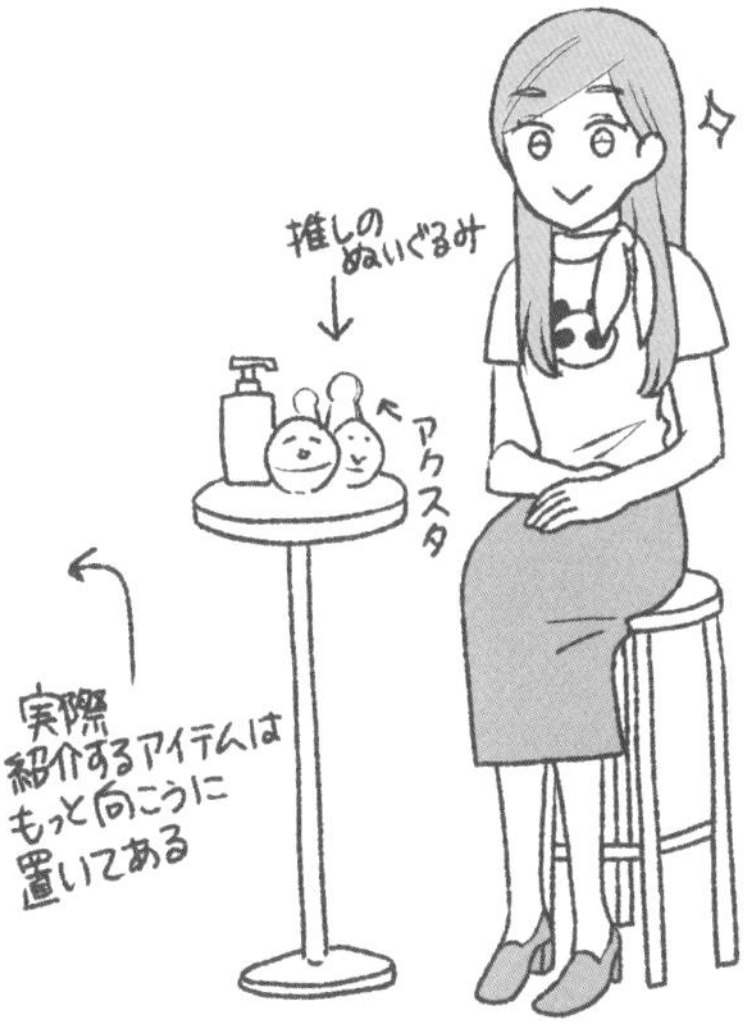
推しのぬいぐるみ
アクスタ
実際
紹介するアイテムは
もっと向こうに
置いてある

おわりに

さて
今回もいろんなことをパンダさんに教わって…
メイクって奥が深いなあ…
と
よく聞く言葉を本当に実感として思った
1冊目の時「なぜそこにそうするか」というとこからメイクを説明してもらい
今回は
「そうできるならこれもできるよ」という内容も聞いてきたのですが

「基礎があると
応用ができる」
または
「応用するには
基礎がいる」
という
あたりまえの
ことが
メイクも
そうなんだ…!!!
と、あらためて
気づいた
私にとって
メイクやスキンケア
というのは
ずいぶん長いあいだ
困った時に
場当たり的に
アイテムを
買ってやるもの
——だったのが、
パンダさんに
くり返し
くり返し
教わりつづけて
ビューラーは
自転車！
メイクは
逆上がり！
「なぜ
そうするか」
考えよう！

メイクやスキンケアは
「積み重ねられるもの」
「テクニックが練習できるもの」
——と思えたことはものすごく大きいです
このメイクは
以前教わったあの方法のアレンジ
今の肌は前の自分が手入れした結果——
そういう風に考えると
これからのメイクが地続きになってるように思えて
これができてるから明日は…
明日
1年後

その場その場で
なんとなく
やってきたことだけど
先がちょっと
楽しみに
なってきたなあ
そう
思ってくれると
うれしいよ!
マナーとか以上に
やっぱ楽しんで
ほしいからね
今は
アイテム数も
すごく多いし
方法も無限に
あって
迷うこともあると
思うんだけど…
NEW
ランキング
そういう時も
「迷ったら
基礎」!!
あっ
ハイ…
新しい
メイクテクも
ああアレの
応用か~
って思えるでしょ
確かに…

今までのメイクと少しちがうメイクにチャレンジしていくのも
「1からのやり直し」じゃない
獲得してきた経験が自分の中に蓄積されていると思ったら
少しずつレベルアップも実感できる
昨日より今日の自分の顔を少し好きになれる
それでも迷う時もあると思うんだけど…
そういう時は美容部員のいるカウンターへ‼
あっハイ
3回目

これから先に続く
メイクアップやスキンケアの道のりをぜひ楽しんで
そして
近くにいる美容部員にお手伝いさせてくださいね
ところでさぁ
きれいにまとまったかと思ったら新たな質問が!!!

紹介したコスメ一覧

私物のため、製品が入手困難となる場合もあります。あらかじめご了承ください。

ポイントメイク

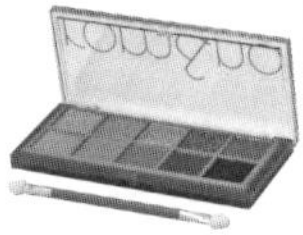

rom&nd
ベターザンパレット

SUQQU
シグニチャー カラー
アイズ

DIOR　サンク
クルール クチュール

KATE
デザイニング
アイブロウ3D

RMK
イレジスティブル
スケッチリップライナー

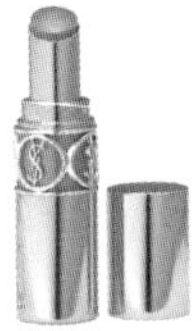

YVES SAINT LAURENT
ルージュ
ヴォリュプテ シャイン

D-UP
シルキーリキッド
アイライナー

CAROME.
ウォータープルーフ
リキッドアイライナー

SUQQU
ピュア カラー
ブラッシュ

b idol
1more ペンシルR

REVLON
スーパー ラストラス
リップスティック

ベースメイク

ETVOS
ミネラルUVベール

雪肌精
クリアウェルネス
UVエッセンスジェル

コスメデコルテ
フェイスパウダー

コスメデコルテ
トーンパーフェクティング
パレット

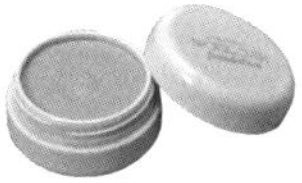

資生堂
スポッツカバー
ファウンデイション

Ririmew
トーンアップ
カラープライマー

JILLSTUART
イルミネイティング
セラムプライマー

KOSÉ
サンカット®
プロテクトUV スプレー

too cool for school
アートクラスバイロダン
シェーディングマスター

MAC
エクストラ ディメンション
スキンフィニッシュ

TIRTIR
マスクフィット
クッション

DIOR ディオールスキン
フォーエヴァー クッション
〈ミッツァ エディション〉

スキンケア

スイサイ
ビューティクリア
パウダーウォッシュN

ELIXIR
スムースジェルウォッシュ

パンナポンパ
AHA モーニング
フェイスソープ

MEDIHEAL
THE ティーツリー
AP マスク JEX

CLINIQUE
テイク ザ デイ オフ
クレンジング バーム

魔女工場
ピュア クレンジング オイル

クレ・ド・ポー ボーテ
ソワンマスクエクラS

FEMMUE
ドリームグロウマスク PF

ツール

MAC　#239S
アイ シェーディング
ブラシ

RMK
クリア アイブロウ
ジェル

RMK
スクリューブラシ

&be　ダブルエンド
アイブロウブラシ
熊野筆

CHANEL
パンソー カブキ
N°108

BA パンダオリジナル
1本で3役！時短
でっかいメイクブラシ

RMK
コンシーラーブラシ

MAC　#217S
ブレンディング
ブラシ

Panasonic
フェリエ フェイス用
ES-WF41

貝印
アイブローセット

shu uemura
ブラシ 18r レッド

BAパンダからのメッセージ

本書を最後まで読み、美容部員である私の言葉に耳を傾けてくださってありがとうございました。

日々カウンターにおりますが、力不足もあり毎回お客さまから必要とされるわけではありません。お声がけやメイクのタッチアップが不要なお客さまも多くいらっしゃいます。もちろん無理に接客はいたしませんし、見守らせていただくのも私たち美容部員の仕事です。

しかしそれが積み重なってくると、自分で自分の存在価値を認められない……そんな気持ちになる日もあります。

正直、何度もこの仕事を辞めようと思いました。思わない美容部員はいないと思います。

前作を読んでくださったお客さまからの温かいお言葉は、私も含め、多くの美容部員たちに勇気を与えてくださいました。

「美容部員の仕事はお客さまに求められている。不要ではないのだと感じられた」「うれしかった」そのような声を、多くの美容部員たちから直接聞きました。

現場の美容部員は、自社の新商品についての知識や美容についての新たな知見、他社の人気商品などについて勉強を重ね、お客さまと関わろうとしています。

繰り返しとなりますが、ＢＡパンダはお客さまの目の前にいる美容部員よりも劣ります。

お客さまと直接対面してこそ、実際の肌の状態、表情などがわかります。カウンターでお客さまからご要望をくみ取ろうとしている美容部員の方が、正確なアドバイスをしてくれます。ぜひ、信じてご相談いただけたら光栄です。

今日も店頭で、皆さまのご来店を心よりお待ちしております。

〈著者プロフィール〉

吉川景都

（よしかわ　けいと）

マンガ家。2003年少女誌『LaLa』（白泉社）でデビュー。著書に『片桐くん家に猫がいる』『子育てビフォーアフター』（新潮社）、『鬼を飼う』（少年画報社）などがある。『ヤングキングアワーズ』（少年画報社）にて『横浜黄昏咄咄怪事《よこはまたそがれとつとつかいじ》』を連載中。メイクは好きだが、キラキラ美容部員さんのいるコスメカウンターは怖かった。アラフォーになり、「顔面迷子」状態の日々。

X（旧ツイッター）：@keitoyo

BAパンダ

（びーえーぱんだ）

大手化粧品会社の現役美容部員。BA歴約10年、現在2社目。これまで接客してきたお客様はのべ1万人以上。お客様の「なりたい自分」に合わせて商品や使い方を提案するように心がけている。吉川景都とは小学校時代からの幼なじみで、30年来の友人。

X（旧ツイッター）：@BA86181994
インスタグラム：@yoshikawapanda
note：https://note.com/makeganantonaku/

〈スキンケア監修者〉

髙瀬聡子

（たかせ　あきこ）

皮膚科医。ウォブクリニック 中目黒総院長。
東京慈恵会医科大学卒業後、同大に皮膚科医として勤務。2003年に化粧品「アンプルール」を立ち上げ、2007年にウォブクリニックを開設。専門は皮膚科と美容皮膚科。特にシミ・肝斑治療と薄毛治療の人気が高く、雑誌、テレビなどでも活躍中。著書に『いちばんわかるスキンケアの教科書』（講談社）などがある。

続メイクがなんとなく変なので
友達の美容部員にコツを全部聞いてみた

2023年9月5日　第1刷発行
2023年9月21日　第2刷発行

著　者——吉川景都・BAパンダ
発行所——ダイヤモンド社
〒150-8409　東京都渋谷区神宮前6-12-17
https://www.diamond.co.jp/
電話／03･5778･7233（編集）　03･5778･7240（販売）

スキンケア監修—髙瀬聡子
ブックデザイン—小口翔平＋畑中茜（tobufune）
本文デザイン—布施育哉（ダイヤモンド社）
本文DTP——エヴリ・シンク
写真————東京フォト工芸
校正————鷗来堂
編集協力——川村望（あひる社）
製作進行——ダイヤモンド・グラフィック社
印刷／製本—勇進印刷
編集担当——田中怜子

ISBN 978-4-478-11872-6